親愛的弟兄/姊妹……

我希望你感受到，

我在喚叫這個稱謂時

心中的激動，

因爲你是我的弟兄/姊妹，

你是我的骨肉之親了。

——梁家麟

教會事工系列

信主之後

梁家麟著

▼

教會事工系列 · 栽培事工

信主之後

After Conversion

作者
梁家麟 Leung, Ka-Lun

責任編輯
陳錦榮

裝幀設計
羅美玉

■

出版 / 發行
基道出版社
香港沙田火炭坳背灣街 26 號富騰工業中心 10 樓 1011 室
LOGOS PUBLISHERS
Unit 1011, 10/F, Fo Tan Ind. Centre, 26 Au Pui Wan St., Shatin, Hong Kong
電話：(852) 2687-0331　傳真：(852) 2687-0281
網址：https://www.logos.com.hk

承印
雅聯印刷有限公司

●

4/1996 初版　6/1996 二版　4/1998 三版
9/2000 四版　2/2003 五版　8/2005 六版
Cat. No. LP519-6D
ISBN-10: 962-457-105-8
ISBN-13: 978-962-457-105-9

刷次	15	14	13	12	11	10	9	8	7	
年份	2034	2033	2032	2031	2030	2029	2028	2027	2026	2025

目錄

丙　我們的禮儀：水禮與聖餐禮

丁　我們的生活：《主禱文》

戊　我們的教會：生命與事工

給勉予、天憫

——爸爸多麼渴望你們有一天

能接納耶穌，

也被耶穌接納，

成爲生命閃亮的人。

自序

除卻在神學院的工作外，我日常最多參與及最大關懷的是堂會的事奉。基於個人脾性所限，我不好在外頭那些人頭湧湧的社交場合中應對周旋，故盡可能迴避拋頭露面酬酢活動；但卻非常熱中於堂會裏小件細作的牧養事工，諸如教主日學、帶查經班、探訪，及跟這個那個小弟兄或小姊妹聊天。這些牧養事工耗去了我僅次於學院的最多的時間。

有一件事是頗值得感恩的：由信主迄今，幾乎沒有停止過堂會的參與，並且還是挺投入那種。我曾遭遇過四間教會，包括宣道會黃竹坑堂、溫哥華信義會新生堂、東方佈光基督教會，以及如今參與的宣道會純光堂，她們都帶給我許多難忘的回憶。我不曾遇上過很「理想」的教會（抱歉上述四間都不是），但僥倖地亦未碰到有我吹笛子彼亦不跳舞、我唱哀歌彼亦不啼哭的絕望情況，故總仍可以享受堪稱滿意的教會生活。畢竟教會不過是一羣不完美的人湊在一起，學著過合上帝心意的完美生活，故做出來的效果不夠「理想」，是早已預料到的了。

我曾說過：在過去數年內，幾乎所有困擾性的信仰問題都是在教會裏碰著的，多數於我較重要的信仰反省或想法也都是在教會內萌生的，神學院於我的重要性倒較爲次。原因嘛，這除了是因著個人對堂會的感情投入，對弟兄姊妹遭遇的思想或生活難處恆常縈迴腦際、揮之不去外；也是因爲要預備每月兩趟的主日崇拜的講道，故必須搜索枯腸，尋找切合需要的信仰話題。在神學院的教室裏，有一大堆學術資料可念，有一套套學術的思考與答辯的遊戲可玩，故即使遇上神學問題，也毋須急著要尋出答案的，於是乎稍一怠惰，便放棄了對問題的尋根究底了。當然這裏說的只是我的情況，環顧我身旁的同事，他們做學問的態度是比我嚴肅認眞得多的。

我曾在教會內教過不下五次慕道班（於我這是一個傳道人的「特權事奉」，從不情願讓其他人涉足），每次都花上許多時間來搜集資料，編寫教材，累積了好幾個文件夾子。我很享受這樣的事奉工作，認爲能在一位弟兄或姊妹接受水禮前，跟他重頭到尾闡述基本信仰一遍，是既神聖又莊嚴的任務。

說說這本書的緣起。先是在一年多前，有次跟一位出版界的同工聊天，他談到有本二十多年前出版有關初信栽培的書籍，至今仍非常暢銷，顯見這類書籍有頗大的市場需求；他鼓勵我在這方面努力一下。當時我確曾對此立過一陣子志，做過一些資料預備，但後來卻被其他覺著更緊急的任務掩蓋掉，故不了了之。直至最近，因著教會的需要，重新整理慕道班的課程，乃把從前教過四五趟的筆記翻出來，左搬右砌、前思後想下，決定動筆將之編整出來。一個多月後，便做出如今的這本書。

我的構想是：爲一些喜歡思索、較深度想問題的弟兄姊妹預備一本初信栽培用的書。它是初信栽培的讀物，故盡可能不觸及太複雜的歷史與神學的課題，專注於基本信仰與倫理要求的範圍內；但它又不致重複坊間已有不少如《給初信者》之類的栽培課程或册子，以免成爲不過另外一本。我希望它在格式與編排上略具新意，在內容演繹上更有所不同。我拒絕採用大綱式的表列法，即簡單地將信仰內容的要件及信仰生活的要求分點列出，頂多是在綱目之下綴上幾句解釋或兩節經文；而寧納論說的方法，發掘這些信仰的內容要件與生活要求的內在理據及時代意義。我相信透徹理解有助切實遵行，尤其對那羣求知動機較強的人更然。所以，我期望簡易性只是本書涉及的課題範圍，而非對課題的處理手法。

這本書也許亦會適合一些信主已有若干時日、且已接受了水禮的基督徒，讓他們對基督信仰的基礎有重溫或再思的機會。特別是本書戊部有關教會的存在與使命的討論，將會對那些已略爲認識教會生活的現況的人有較大的刺激與啟發作用。（我曾多次思量應否將此部分併入這本原意在栽培初信者的書內，但最後認定它們還是「基本」的課題，故仍保留如現狀。）

當然，要是它更切合信主經年的成熟信徒閱讀，我還是無任歡迎的（竟然有人願意讀我的書，如何能不感恩！），只希望它的書名不會教你們覺著被冒犯便好了。

末了是同樣一番感謝的話：謝謝黃竹坑堂給予我開設慕

道班的機會，催生了這本書出來；謝謝每一位曾上過我的課的弟兄姊妹，要是你如今把此書翻來覆去也看不懂我在說甚麼，那他們在課堂上之含辛茹苦，便可以想像了；謝謝建道神學院給予一年安息年休假的機會，這是安息年假內第一本完成的作業；謝謝基道出版社的蔡桂球先生與張小鳴先生等同工在我的寫作路上賜下的壓力與方便；最後，還得謝謝我的妻子柳萍，她對我在艱苦的寫作過程中一些異常情緒表現百般接納，是我難藉言謝的。

一九九五年十月七日
香港建道神學院

甲　一切由信仰開始

一切由信仰開始

第1章

你既相信了

■ 一個不會後悔的決定

親愛的弟兄/姊妹……

親愛的弟兄/姊妹。我希望你感受到，我在喚叫這個稱謂時心中的激動，因爲你是我的弟兄/姊妹，你是我的骨肉之親了。

噢，請別誤會我的快樂僅僅是因著多了一個同路人，即多了一個與我有共同信仰的基督徒。當然我不反對就這樣想也會使我產生一絲喜悅，但若我的快樂全基於此，那便也太自我中心了。我之所以心中欣悅，不是因著我得了甚麼，乃是因著你已得著了——

你得著了基督信仰，得著了道路、眞理、生命，得著人生的眞諦、活著的意義、奮鬥的目標、人力盡頭以外的盼望。一切的得著，都是由成爲基督徒開始，也就是說，在我能喚你爲弟兄/姊妹開始。

在我喚叫你爲弟兄/姊妹之時，便意味著你已在不多久前（或很久以前？）個別地邂逅了耶穌基督，與祂發生了愛的關係；用我喜愛的宗教術語說，你被祂的手摸著了。如此，你由經驗上的感知與觸動，進至理性上的認同及意志上的決定，你立志皈依基督，附和基督在你的生命裏已成就的作爲（這個次序一定不能攪混：先是祂在你的生命中有作爲，然後才是你的決定）；也認定今天的經歷是壓倒性的，願意以之來統貫你的過去（以信仰重新詮釋信主以前的歷史）和未來（將未來的生命押注在信仰之上）。你決志了。

作爲你的先行者及同路人，我慶賀你所作的決定，並且就我這相對而言並不算很光彩豐盈的基督徒生命經歷，我敢斷言：你的決定是絕對值得的（我不是上帝，當然不能說「絕對正確」）。我自己就沒有丁點兒後悔曾作的決志，深信你也不會（「不會」不是由於你我夠頑固，至死執迷不悟；而是我們所信奉的上帝「不會」給我們後悔的機會）。

不相信嗎？我們且走著瞧。

（信耶穌就有這樣的樂趣：你永不會是已知道所信的全部內容，已窮究所皈依的對象的底蘊。與接納一個科學理論不同的是，信仰是在「已知」的基礎上向「未知」頷首，由「已知」跳越至「未知」。信仰是一個歷險。憑著信，我們持定對未來的盼望，佇候那應許將要成就的事發生。）

由於我已喚叫你是弟兄/姊妹，我沒理由再假設你尚未成爲基督徒。所以，這本書並不是爲幫助你做皈依決定而寫的。換言之，要是「你」（這只是虛擬的說法）仍在信仰的門檻外踟躕徘徊，多番盤算而仍未敢/肯作出決定，則「你」便選擇了一本錯誤的讀物。這本書是專爲像你這樣業已成爲基督徒的人而寫的。我不會跟你再費脣舌討論「你爲何要信」，而只會集中與你分享「作基督徒是怎麼一回事」。一切的起點是：你已成爲基督徒。

「作基督徒」的含義

雖然千百年來已有成千累萬的人先你而成爲基督徒，但信仰畢竟是既獨特又個別的，過去千百萬個基督徒的經歷和領悟，不一定能涵蓋你現在或將來的經歷和領悟。每個人都是與別不同的，每個信仰故事亦然。故此，我不敢在此狂妄地聲稱我所寫的必然能充分解說了所有基督徒的實況，要是你的部分生活片段沒有被包括其中，請毋須詫異（我也毋須道歉）。我所說的，乃是最低限、最起碼的做基督徒的認知和行動，也可以說是「作基督徒」的最大公約數。你可以有更多更豐富的知識和經歷，但大抵不該欠缺了我所寫的低限內容。

沒有一本書可以使人成爲生命閃亮的基督徒，那是聖靈的拖帶與個人的順命的結果，並且一定不會是一蹴即就，而是要待一生漫長的努力的。我謙卑的期望是：這本書能做爲你的起跑的一點助力，我告訴你最基本的東西，然後待上帝在未來日子與你的糾纏中，讓祂告訴你最完全的。

讓我多說一遍：本書是與你分享「作基督徒是怎麼一回

事」，就是成爲基督徒是甚麼意思，那意味著會發生甚麼事，有甚麼可期待的行動與經歷。我無意要使它成爲一本基督徒生活守則和指南，更無意要藉著它來教你如何成爲基督徒、或怎樣做一個基督徒。我個人的經驗與聖經的教訓，都不容許我們討論「如何做基督徒」這個問題，因爲這個問題是不合法的。沒有人可以「做」基督徒。「成爲」(to be)基督徒的先決條件是上帝的恩典與作爲，頂多綴上人的信心（這其實仍是上帝的恩典）；卻和人的作爲扯不上任何關係。人不能憑藉自己的決心與努力，依靠知識上的洞察與發明，及道德與事工上的成就，來使自己併入基督徒的行列去。一切惟賴上帝的恩典。「惟獨恩典」並非僅限在我們皈依決志的一刻有效，在嗣後基督徒生涯的每時每刻裏，都是不易的眞實寫照。所以，我們沒有辦法可以「做」基督徒。

當然，「惟獨恩典」並不表示我們便完全縍著手，甚麼責任都不用肩負、甚麼義務都不須承當，這也是信仰所不容許的。上帝是一位有要求的上帝，祂在我們各人身上植下了不同的心意和夢想，有待我們配合圓現。基督信仰是一個有要求的信仰，它不允准我們被動且靜態地接受之，卻指令我們必須主動地投身參與，並將之踐行出來。因此，「作基督徒」雖非人一廂情願的逕自努力，卻也包括了人必須有的責任；它不是人的作爲，卻要求人有所作爲。

人的作爲並不構成「作基督徒」的內涵和條件，甚至連部分的內涵和條件也夠不上；上帝的作爲才是旣必須又完備的內涵和條件。但是，人的作爲卻是上帝作爲的附生物，就是上帝作爲所必然派生的人的回應和行動。人的作爲不是救恩本身，卻是接受救恩後可期待、也必須有的反應。

■

上帝的作爲與人的回應

簡括地說，「作基督徒」的意思是：先認識上帝、認識祂爲你做了甚麼；然後你便在前二者的基礎上，認識自己是誰、及該作甚麼。認識上帝及祂的作爲是人重新認識自我與釐定未來生活方向的先決條件，人的作爲因此只能是回應性及第二義的，亦不構成「作基督徒」的界定性徵。

在本書裏，我會與你分訴作基督徒是怎麼一回事，主要是向你描述上帝在你身上已成就、即將成就、或可以期待的作爲，然後再附帶告訴你人在理解與體驗這些作爲後應作的回應。要是我們孤立地看人應作的回應，它們便好像累贅煩人的法律條文，但一旦我們將人的回應放回它之回應性的位置，就不會有任何艱辛勉强的感覺。

作基督徒困難嗎？當然不難！

第2章

由經歷到認知

你要信甚麼？

既然你已成為基督徒，那我就不再跟你討論為甚麼要相信，而是單刀直入地告訴你究竟你要信甚麼。

哦請別訝意「你要信甚麼」這個提法。許多人一直以為他們是在知道了要相信的對象的內容以後，才作出信或不信的抉擇。知道是在相信之先。他們甚至認為，先知道後相信，乃是「正信」之所以與「迷信」有別的地方；因為沒有通過理性的審查而盲目地接受某個外來的說法，便是徹頭徹尾的迷信。要是你也如此想，肯定便對「你要信甚麼」這個提法，感到大惑不解了。

容我首先直截地斷言，沒有任何信仰容許人先了解所信對象的一切，才決定信或不信的。信仰之爲信仰，必然帶有冒險的成分。無疑在我們作出皈依決定、敢邁出步子去歷險之前，總會對所信的對象有若干的認識或體會，亦即是事有故然，而非無端任意的；但是，任憑我們的預備功夫如何周密，對所信的對象做了多少考察和審查，都無法使帶有不可知成分的信仰變成一目了然的事實，更不能使帶有悖論成分的信仰還原成嚴謹縝密的邏輯推理。信仰就其本質而言，是必然要求我們作信心的跳越的；「正信」與「迷信」的分別，端在於在作抉擇前的思考與判斷的嚴肅態度，及思考與判斷的理據的周延程度而已；兩者只有相對性的量的差異，而沒有質的不同。你若批評我對基督信仰的無條件委身是迷信的表現，我也不會以爲忤的。總而言之，沒有人可以在充分理解後才相信，或僅相信他能理解的部分。

希伯來書的作者說，信就是對盼望著的事情持確定的態度，對未曾看見的事情堅認不疑（來十一1）。可見相信也者，其接納與宣認的範圍，是必然大於在感性或理性上業已確定的。

在一個人決志跟隨基督時，他不能說自己已對基督洞徹分明；在他宣認自己爲基督徒時，他也不會眞箇對基督信仰了然於胸。不！他的未知遠遠多於他的已知。

甚麼是我們的未知部分呢？主要有兩部分：一是我們的主觀經歷的體會，二是對我們的主觀經歷的客觀與歷史性的詮釋。

新的經歷與體會

所謂主觀的經歷和體會，就是說我們對所信的對象的不斷進深的內在體驗。由於作基督徒並非單純接納一套封閉固定的教條理論，而是與那位主動且活著的上帝相遇，並建立活潑的個人關係，這關係就像馬丁・布伯(M. Buber)所說的是「我—你」(I-Thou)而非「我—它」(I-It)關係；故此，人不能把上帝看成是任由他擺布的偶像，可以按著自己的喜好與期望投射出一個上帝來（即費爾巴哈[L.A. Feuerbach]說的「人按照自己的形象來創造上帝」），或視上帝為一隻阿拉丁神燈裏的燈奴，只供他在有需要的時候喚來差使，與他平日的生命及生活無涉。上帝若是活著，就必然是主動的，祂不能僅是客體(object)而非同時為主體(subject)；因此，祂會在人與其建立的關係中扮演積極而具創造性的角色：介入人的生命，向人彰顯自己、啟示其心意，並且過問人的生活路向、形塑人的思想行為，又在與人的關係中引發新的經歷和感受。事實上，就是在人與人間的平等與開放的愛的關係中，人也不能扮演操控與主宰的角色，不能保護自己不受所愛的對象影響（包括因對方而來的喜悅和傷害），何況人與上帝的關係呢！

在你決志的那一刻，你只表示願與上帝建立訂情盟約，便與祂剛肇始不久的關係正常化與穩定化，卻肯定不是整個愛情故事的完成。這樣，在往後的日子裏，你會不斷在與祂交流互通中、在祂的主動下，對祂、對自己、對世界有新的領悟和遭遇。這些尚未發生卻可期待的經歷和體會，構成了我們信仰中的未知部分。要是我已洞悉所愛的對象、已盡窺未來關係的可能變化，則這段愛情便完全失去驚喜、苦惱與盼望了。

所以，你必須對信仰及上帝持定一個開放而有所期待的態度，千萬不要以爲自己已經得著了或完全了。上帝這麼大，窮我們一生也無法盡解祂的智慧與行爲，遑論參透祂的本體呢。

對經歷的詮釋

除了主觀的經歷和體會是我們不能在皈依一刻便已窮究，還得期待未來新的經歷和體會外，就是對已有的經歷和體會，我們也無法自行做理解和詮釋，還有待一個外在的理論架構來將之分類、賦名，並添上意義與價值；因此，對已有的經歷和體會尋求一個合法而合理的詮釋，也是我們的信仰中另一個未知部分。

信仰是由主觀經驗開始的，亦惟有一手的主觀經驗，才使信仰變成眞實而個人的信仰。但是，這個主觀經驗卻甚少是憑空而生的。雖然上帝確實可以在人毫無先存知識與心理準備的情況下，遽然闖入他的生命中，向他顯現；但就我認識的基督徒中間，這種突如其來的經歷甚爲罕見。在大多數的情況下，主觀經驗都是經誘導而發生的；就是說，首先有人向你傳福音，告訴你在宇宙外有一位創造萬物的上帝、在人類歷史中曾出現過一位救贖我們的主基督、在人的心裏可以感受到活著的聖靈上帝的脈動，然後又引導你閱讀聖經或基督教書籍，讓你了解信仰的梗概，可以盼望及追求怎樣的經驗；最後才在某一刻，你親自經歷這位上帝，印證了別人的見證與聖經的記載。要是你的信主歷程果是這樣，那你便是先有了一個客觀信仰的理論架構的雛形，再藉此來誘發及盛載繼來的信仰經歷。

即或罕有地，你是在完全沒有先入為主的信仰理念下，憑空直接與一個蒼茫杳冥間的超自然力量相遇，而「它」又向你豁露祂是基督教所崇拜的那位上帝，則你在擁有此一手神祕經歷之餘，還是需要回到聖經及教會傳統裏，才能充分窺見所經歷的屬靈對象是怎麼一回事。主觀經驗是重要的，但經驗本身的自我說明能力是有限的。要是沒有外在的信仰理論去詮釋此經驗，那我們就很難由感性經驗提升至理性認知了。

當然，要是那個超自然力量向你豁露「它」是別的宗教所傳說的神明，甚或是與所有傳統宗教無涉，乃截然嶄新的一位，則你或該是信奉了別教、或是自行開創一個新宗教，而這都與基督教牽不上關係了。但不管怎樣，屬靈經驗必須藉一套概念化的理論體系，將之定義和詮釋，才能成為綿延穩固的信仰，這便連最原始的巫術或宗教亦不會例外。不然，片段性的經驗如何能貫串起來呢？孤立的神祕經驗，除了沖激我們的感官外，又如何能為我們提供安身立命、精神得安頓之所的信仰呢？

聖經與教會傳統

與此同時，必須指出的是，除非我們正計劃創造一個新宗教，否則就不能在自稱與耶穌基督相遇的同時，完全忽略或繞過聖經及教會傳統對這位耶穌基督已有的理解與描述。基督教信仰是一個歷史性的宗教，已傳遞了二千年；它也是一個活著的宗教，而非已成歷史陳迹，或僅餘供研究用的古籍，卻仍在世上存在著一個活潑的信仰羣體。因此，沒有人有權繞過二千年的歷史及今天的信仰羣體，而逕自任意地爲基督教信仰重新定義及詮釋。當然主觀經歷是形塑個人信仰的重要因素，但他總不能既聲稱自己是傳統意義的基督徒，又拒絕傳統基督信仰的闡述與規定。屬靈經歷是私有的，但基督信仰卻不能被任何人據爲己有；正如人必須與上帝有第一手的個人經歷，卻不能將上帝私有化，視爲自己的禁臠一樣。我們不能過分高舉、或絕對化自己的屬靈經驗，更不能任意地自行詮釋此屬靈經驗。約翰曾提醒信徒說，即使遭遇了某個屬靈力量並得著某種啟迪，也不要盡信，總要藉客觀由歷史傳承的教義與羣體的信仰經歷，來驗證這個屬靈經驗是否出於上帝。由此可見，主觀經歷絕非是壓倒性的。

强調聖經與教會傳統的權威地位與規範能力，並不表示基督信仰是僵化封閉、一成不變的。事實上，在過去二千年裏，歷代信徒都曾因著他們各自的處境和經驗，而對聖經的詮釋與傳統的闡發作出過大大小小的更易、補正或擴充；雖然聖經正典與基本教義不變，但其他各方面的轉變還是蠻多的。而主觀的屬靈體會，肯定是促成教會傳統衍生與流變的重要因素，好像促成宗教改革的馬丁・路德(Martin Luther)、開創耶穌會的依納爵(Ignatius of Loyola)、爲循道會奠基的約翰・衞斯理(John Wesley)等，他們的個別經驗便都成了教會傳統的重大發明。所以，今天我們的主觀經驗同樣可以為聖經詮釋與教會傳統作出補正和添加，即使我們並未有意識的做，卻已實在如此地進行了。但是，任何合法的轉變，或可被視為傳統更新而非另立門派的行動，都得在既有的傳統內進行，都得是旣繼承又發揚、旣保存又捨棄，並且也都得在傳統理路裏通貫出來的。套用哲學的說法，傳統與合法的創新是一個辯證的關係，創新可以是對傳統的部分否定，卻不可能是全盤否定，更不可能是斷層式的自來一套。我絕不能接納「一人有一個基督教」的想法。

所以，在你已對基督信仰有若干的理解與體驗，起碼夠讓你作出皈依基督的決定後，你需要回溯聖經與教會傳統，好對你所相信的有準確的理解。你要信甚麼？讓我逐一簡單地向你分說。

乙 我們的信仰：《使徒信經》

我們的信仰：《使徒信經》

第3章

信仰與信經

信仰的內容

你要信甚麼？

最基本的答案，當然是信那位創造天地又拯救人類的上帝。由於上帝曾親自來到人間，成爲耶穌基督，向人啟示祂自己，並呼喚人追隨祂這位「啟示了的上帝」(revealed God)，因此，信上帝較精確的含義是信耶穌基督。我們都是基督的門徒，都相信由基督所開顯的宗教。

不過，因著我們不幸地沒有生在二千年前的巴勒斯坦，無緣與那位親臨人間的上帝——耶穌基督見面，親聆教誨；那我們對祂的認識，除了是內在地與今天仍然活著的祂相遇外，就必須倚靠由上帝啟示、基督的門徒所見證並書錄下來的聖經，藉著其記載來明瞭耶穌基督的生平及教訓了。如此，「你要信甚麼？」此問題的答案可進一步收窄爲：我信在聖經裏所記載的、那位在二千年前曾來到人間啟示自己、拯救人類的耶穌基督，祂是獨一上帝。

基督教的聖經共六十六卷，分開舊約和新約兩部分。所謂「約」，就是上帝與人訂立盟約，在約中給人規限與應許，並且藉以建立關係。而舊約與新約的分水線，就是耶穌基督，舊約是記載在耶穌基督出生以前，上帝與祂所選召並立約的以色列民族的悲喜故事；而新約則載錄耶穌基督的生平與教訓，及祂的門徒對其教訓的進一步闡釋。按照聖經的自證及我們的信仰，聖經乃是上帝親自默示的，是上帝對人的說話，因此是基督徒的信仰與生活最大及最終極的權威。

事實上，與其他由人創造出來的宗教不同的是，基督信仰斷然拒絕人在本體上與上帝有任何必然的相似性與關連性。人是受造物，人不是上帝。而作爲受造物的人，無法就他有限的智慧和能力去認識上帝，在蒼茫宇宙中尋找及識別出上帝來；因此，必須是上帝親自來尋找人，向人啟示祂自己，也就是說由祂來親自告訴我們祂是那一位，我們方得眞確地認識祂。聖經作爲上帝對人的自我揭示，其關鍵地位就不言而喻了。沒有人可以狗尾續貂，憑人的理性與想像來對聖經作任何的增刪，也沒有人有權用他的理性與價值標準來判定聖經是否聖經。我們不能證明上帝是上帝，同樣不能證明聖經是聖經，只能首先以信心來宣認，繼在實際接觸下豁然開朗：「啊，原來祢果然是……」

■
信經的價值

不過，也許你在同意「我信聖經裏所載的耶穌基督」這個答案以後，仍然感到困惑：聖經有六十六卷之厚，篇幅既多，用字遣詞又與我們的常用文字頗有分別，至少教初信者的我感到生澀難懂，那麼，我是否要待讀完、讀懂、並讀通六十六卷聖經以後，才敢說我知道所信的是怎樣一回事呢？這豈非要待至少三年五載以後？又我如何保證自己對聖經的理解是正確的、與教會傳統及信徒羣體的主流看法相一致？單說「我信聖經」，似乎不是解決「你要信甚麼？」的簡易方法，因爲這會把過重的責任推卸在求問者的肩頭上了。

爲著解決如何簡易地確定基督信仰的要件的問題，早期教會乃編訂了一個濃縮的信仰大綱，即所謂「信經」，供信徒背誦並牢記。由於他們堅信這個信仰大綱源於耶穌的使徒的教導，故稱之爲《使徒信經》。《使徒信經》可以說是基督信仰的最基本要件，也是今天廣義的基督教會（包括更正教、天主教與東正教）所共同信守的教義大綱，可被視爲基督教的最大公約數。

《使徒信經》的內容是這樣的：

我信上帝，全能的父，創造天地的主。

我信我主耶穌基督，上帝獨生的子，因聖靈感孕，由童貞女馬利亞所生，在本丟彼拉多手下受難，被釘於十字架，受死，埋葬，降在陰間，第三天從死人中復活，升天，坐在全能父上帝的右邊，將來必

從那裏降臨，審判活人、死人。
我信聖靈。
我信聖而公之教會。
我信聖徒相通。
我信罪得赦免。
我信身體復活。
我信永生。

《使徒信經》最早可以追溯至主後二世紀末或三世紀初。撰寫的緣起已難以確定，大抵上應爲針對著當時教會面臨著的異端邪說、特別是諾斯底主義（Gnosticism，一種靈肉嚴格分割的二元論思想）而寫的，故特別强調上帝的創造、耶穌基督的人性，以及人在末後的肉身復活。不過，《使徒信經》的歷史性（針對當時需要）並沒有減損它的永恆性，它既在過去千多年來規範著基督教會的教義內容，在今天亦不會失墜其有效性與時代意義，問題端在於我們如何理解並闡釋之而已。《使徒信經》是基督教會的信仰準繩(Rule of Faith)。

基督信仰說簡單，可以非常簡單，因爲耶穌傳講的信息該是讓愚夫愚婦都聽得明白的，早期教會絕大多數信徒是無知識缺教育的漁夫木匠，他們都能夠爲「耶穌基督並祂釘十字架」這個簡易的道理所打動。但是說複雜，它也可以變得艱澀難懂。這不是有人故意將基督信仰複雜化了，卻是由於在過去二千年的歷史裏，有許多聰明才智優秀無倫的學者，將他們一生的精力，投注在對上帝啟示的眞理的研究闡釋上，著述之多，論辯之細密，難以想像；加上教會在不同時代廁身不同的處境，面對不同的挑戰，但又須以同一的信仰來作回應，因而使得基督信仰無論在理論或實踐層面，都變得經院化，瞻前顧後，連篇累牘，煩瑣仔細，這是學術研究無法避免的趨勢。就以對《使徒信經》的闡釋爲例，不少學者曾將這段短小文字擴而充之，化作上百萬言的神學論述，令人望而生畏，肅然起敬。但在這裏，我們卻只會就每句作簡單的說明，旨在讓你對基督教的教義有概括性的了解。至於它們在歷史與現實的不同場景的應用，便略而不表了。

第4章

我們的父上帝

我信上帝，全能的父，創造天地的主。

■

存在的上帝

做基督徒最要緊的是：相信上帝，並且過一個當上帝存在（廣東話是「有到」）的生活。

小心我的說法，我們不是相信上帝存在，乃是相信那位存在著的獨一上帝。

說「相信上帝存在」本身是自相矛盾的。要是我曾在生命的某一刻與上帝相遇，那我就是知道上帝存在；既然已經知道，就用不著相信了。要是我沒有遭遇過上帝，那我怎麼能假設有一位上帝存在？人如何能就人間的理性與經驗，去推證出一個就定義言乃超越人間理性與經驗以外的上帝來？歷史上存在過衆多有關上帝存在的論證，皆是捉襟見肘、難以撐持的，此正好說明論證上帝存在的任務，實在是過於狂妄，亦根本不可爲。

並且，即使我們從有限類比無限，假設在自然現象界外，存在著某種超自然的「存有」，並且將之命名爲「上帝」，我們仍只能說這個「上帝」並不屬於自然界，再也無法對其作進一步的描述。我們怎能確定這個「上帝」是實體抑或某種力量？是這個世界的本體基礎，抑或科幻故事中傳說的擁有高科技的外星人？這個「上帝」究竟是人類歷史中出現過的各種宗教的其中一種的膜拜對象，是所有宗教膜拜的共同對象(按：即「上帝」有許多名字，或稱耶和華、或稱安拉……)，抑或不屬現有宗教的任何一種？這個像十二世紀神學家、本體論證的倡議者安瑟倫(Anselm of Bec and Canterbury)所云的「不能設想比其更偉大的存有」，除了是一個純粹的假設、方便的說法外，尚有甚麼正面的、具體的內容？

對基督徒而言，上帝的存在是用不著相信的，因爲我們都曾經與祂相遇過，且是在祂主動的尋找和顯現下，才決志成爲祂的信徒。使徒約翰曾說過：「論到太初就已經存在的生命之道，就是我們所聽見、親眼所看見，仔細觀察過，親手摸過的。」(約壹一1；編按：本書採用《聖經新譯本》經文)

■ 相信即是信靠

我們毋須相信上帝的存在，卻是要相信存在著的上帝。

我們信仰的對象不是一個理論、一個猜想或假說，卻是一個眞實的主體。而「相信」在這裏，指的也不是一般以爲的接納或同意，因爲我們可以接納一個理論，同意一個假說，但怎麼能接納或同意一個眞實的主體呢？「相信」的意思是信任及身心交付，即投入及信靠所相信的對象去。故此，「我信上帝」一語，說的不是我們對「上帝」這東西有了一個新的觀點與看法，而是莊嚴地宣認我們決意將自己全然交託在上帝手中。

這樣子的「相信」就不能是靜態的、無關痛癢的認知了。要是「相信」僅表示我接納某個理論，那我可以在接納這個理論之餘依然故我，因爲除了在認知上增添這個理論外，「相信」並沒有爲我帶來任何的轉變，也不會要求我作任何相應的轉變。但要是「相信」指的是信任及託付，則作爲相信者的我，就是認同了所託付的對象對我的既有生命有主宰權，亦願意過一個信靠上帝的生活。正如我在本章開首所說的：相信上帝，並且過一個當上帝存在（有到）的生活。

「相信」不單是點頭，不單是理性上的認可，更是牽涉到未來生活形態的意志決定，及從當下開始的改變行動。

這位我們身心交付的上帝是怎樣的上帝呢？

跟聖經的作者一樣，《使徒信經》的編者並不喜歡抽空地討論上帝的性格（本質，或屬性），諸如先宣稱上帝是全知、全善、全能的，然後再疏解這些宣稱所引來的理論困難：如上帝的全知是否意味著取締了人的未來的開放性、褫奪了人的自由意志；上帝的全善如何與人間的苦難相協調，上帝爲何對無辜人受害袖手旁觀；上帝的全能是否等於祂能創造一塊祂搬動不了的石頭，又祂能否造出一個同樣擁有自由卻不會犯罪的人來……不！聖經作者及《使徒信經》的編者並不是宗教哲學家，他們的討論不是從「上帝」這個觀念開始，再演繹出其他相關的意涵。他們卻是由在人類歷史裏向人彰顯祂自己的上帝入手，藉著祂在人間的啟示和行動，來說明上帝是怎樣的上帝。因此這不是憑空設想上帝的模樣（倘若有一個「上帝」，祂便應該是……），而是在面對眞實的上帝時，從祂的自我介紹及人的觀察體會中，歸納出上帝的性格來（噢，上帝，原來祢是這樣……）。

所以在這裏，當《使徒信經》爲我們所信靠的上帝作出具體的描述時，它所說的不是抽象的推論，而是上帝在歷史中的自我豁露，及人按上帝在歷史中的自我豁露而得的理解：「全能的父，創造天地的主。」

上帝的全能

甚麼是「全能」的父？首先這是指著上帝無所不能，其力量大至人無法測度。相對於智慧與能力都極其有限的人而言，上帝確實是大大比我們有能力的；同樣地相對於智慧與能力都極其有限的人而言，上帝的「全能」亦是我們無法設想、無法賦予內容的。反正我們接觸到的都是有限能力的東西，我們如何推知「全能」是怎麼一回事呢？詩人說：「耶和華是至大的，配受極大的讚美，祂的偉大無法測度。」（詩一四五3）上帝的「全能」不是我們能了解其內容的，卻只教我們驚訝、敬畏、讚美與降服。我們敬畏和讚美全能的上帝，宣認祂的能力確實與人有宵壤之別。

其次這個對上帝的「全能」的宣認，也構成對我們的心態與行動作出相應轉變的呼籲。既然上帝的能力是遠距我們，甚至超出我們的想像，那麼，我們豈非應該對這位全能者全然順服、安心投靠，將我們的憂慮與重擔交託給祂？我們豈非該像詩人般對上帝說「祢是我的避難所，我的保障；祢是我的上帝，我所倚靠的」？因爲上帝是全能的，我們便已覓得了一個永不動搖的靠山，可以甘心、舒然地過信靠的生活。

稱上帝爲「全能」，旨在呼籲我們向祂降服與信靠。故這個形容詞主要是針對人而非上帝自身：它並沒有爲我們提供很多有關上帝本體的知識，讓人得以從中窺得上帝的奧祕；它也不是人按著自己的期望來投射出去，因著人的理性要求而必須爲上帝添上全能的屬性。它卻是人在與上帝相遇時，陡地發現上帝與人的懸殊差異，從而產生對上帝及對自己的認知：上帝是榮耀的，人是卑賤的；上帝是聖潔的，人是污穢的；上帝是大而可畏的，人是不堪一擊的。在我們自發地的俯伏敬拜裏，在我們掩面不敢仰視祂的臉中，在我們恐懼戰慄地和應舊約人物約伯的話時，我們稱上帝爲全能者。

我知道祢萬事都能做，
祢的旨意是不能攔阻的。
這以無知無識的言語使上帝的旨意模糊不清的是誰
呢？
所以我說了我所不明白的；

這些事太奇妙，是我不曉得的。
求祢聽我，我要說話；
我要問祢，祢要告訴我。
我從前只是風聞有祢，
但現在親眼看見祢。
因此我厭惡自己，
在塵土和灰燼中懊悔。（伯四十二2～6）

■

我們的天父

上帝是全能的「父」，祂是我們天上的父親。

與上帝相遇只是信仰的起點。要是我們只是經歷祂那麼一次，嗣後便兩不相干，再無瓜葛，那這孤立的經驗，便無法讓我們建構任何的信仰。但真實的情況卻是：我們不獨曾事件式的與上帝相遇了，更是與祂建立起一個穩定長久的關係，在此關係中爲我們增添了新的身分：上帝的兒女。

成爲基督徒，端賴耶穌基督。聖經清楚告訴我們，人原來是活在上帝所創造的樂園裏，可以與上帝和諧無間地溝通相處；但因著始祖犯罪，悖逆上帝，人與上帝的關係便遭到致命的破壞，罪成了人和上帝中間的阻隔，教人無法坦然無懼地與上帝相處。爲了扭轉這樣的絕境，上帝差遣祂的獨生子耶穌基督來到人間，藉著祂的死亡，廢掉人與上帝間的冤仇，恢復雙方和好的關係。故此，靠賴耶穌基督，罪不再成爲攔阻人與創造主溝通的屏障。

但是耶穌基督的拯救，不僅是幫助我們回復人類未犯罪前的景況，卻是更進一步地要使我們與上帝建立新的關係。作爲天父兒子的耶穌基督，爲拯救人類的緣故而與人全然認同，祂不僅將全人類的「罪孽」擔在個人身上，亦將人類現在的「處境」與未來的「命運」都全繫在自己那裏。藉著祂，人的生命得以更新變化，成爲新造的人，而這些新造的人合起來便成了一個新的人種。我們是新人類，基督是我們的始祖。（聖經稱耶穌基督爲「第二亞當」，就是這個意思。）因著基督是我們的始祖，我們乃得以分享祂的身分，其中最寶貴的，便是分霑了祂作爲天父兒子的福分，我們從此成爲天父的兒女。

受造物的我們竟得以稱上帝爲父，這是多奇妙的事。不過要注意的是，聖經並沒有說在我們稱上帝爲父以後，我們便不再是受造物，可以與上帝同位同體，逐漸被「神化」了。成爲天父的兒女，主要是指著作爲人的地位與權利的轉變。因爲受造物的我們，並非由上帝生出來，故與祂有本質上的不同，我們怎樣也不會成爲祂的「生子」；如今上帝因基督的緣故，收納我們，使我們得享與耶穌基督相仿的權利，我們成了上帝的「嗣子」。正如保羅說的：

> 你們接受的，是人成爲嗣子的靈，使我們呼叫「阿爸、父」。聖靈親自和我們的靈一同證明我們是上帝的兒女。既然是兒女，便是後嗣；是上帝的後嗣，也和基督一同作後嗣。（羅八15～17）

所以，「上帝的兒女」強調的是「名分」與「權利」，而不是「本體」的變化。

對我們而言，因著上帝成了我們在天上的父親，我們便可以坦蕩蕩地向祂傾訴，深信祂必定垂聽我們的祈禱，供應我們一切的需用。並且，我們不再與上帝爲敵，亦不再與世界爲敵，因爲我們已活在天父所創造並擁有的世界裏，我們不再是異鄉人，不再在無垠的蒼冥中流浪無依。

上帝，我們的父親。

■

創造主

基督徒必須小心不要把信仰私有化，更不好將上帝「馴化」(domesticated)而成爲我們生命裏的「家神」。

縱然我們是個別地邂逅上帝，與祂建立個別的關係，但上帝仍不僅是我們的上帝，祂是上帝——全人類、全宇宙的上帝。

上帝是宇宙萬物的創造者，萬有都是因祂而出現，並靠祂而繼續存在。在觀念上要明白這個應該是不困難的。

在這裏，我不打算跟你討論創造與進化孰是孰非的爭論、或信仰如何與自然科學接榫的問題，日後你讀到有關護教學的書籍時才處理它吧；我也無意將整個有關創造的神學都抖出來，與你闡述上帝如何從無中創造萬有、如何藉言語創造……這也待你將來有機會對創造論作深入探討時才費神吧。

事實上，無論是從科學或神學立場討論上帝如何創造天地，都不是聖經的關懷。聖經創世紀第一至二章要告訴我們的，是上帝創造這個世界的「事實」。至於創造的「過程」和「方法」，我們是既不清楚，又毋須清楚的。（除非你視創世記第一、二章爲科學讀本的論述，並按字面的意思來解釋每字每句，那你便可以自詡了解整個創造的過程。但抱歉我並不如是想，亦不如此理解這段經文。）

上帝在天地間的位置

宣認上帝是創造天地的主，對我們有甚麼意義呢？第一、它讓我們了解上帝在天地間的位置：上帝不是宇宙萬物的任何一部分，祂並不屬於「靈界」、不與天使或魔鬼並列，祂是惟一自有永有的。而萬有則是由祂創造，並按著祂的心意與施爲才被建構出來，是祂的作品、祂的產業。故此，上帝有別於這個世界，祂也擁有這個世界。

由於世界不是上帝（我們可拒絕「泛神論」呢！），卻是由上帝創造出來的，那便不是自有永有的了。聖經清楚告訴我們，世界是由上帝從無中創造出來，將來有一天祂也會結束這個世界，故此世界是有起點、有終結的。而在起點與終結中間的一段時間（亦即我們活著的今天），世界也不是自給自足的，它仍然在上帝的掌管和護理之下，並且賴上帝的護理而繼續存在。

人在天地間的位置

第二、它讓我們了解我們在天地間的位置：人類是萬有的一部分，也是上帝創造出來的受造物。人必須了解自己是受造物的身分，不要妄圖以世界的主宰自居，以爲可以憑藉人的智慧與能力來肆意剝削、汚染、奴役這個世界和其上的生物。須知道我們是與其他萬物一樣由上帝所造、且是在同一個創造計劃中被造出來的，故此我們與世界及每樣生物息息相關，休慼與共。任何企圖主宰與奴役世界的行徑，到頭來都會使我們及我們的子孫承受苦果。

上帝在創造人類後，曾將協助上帝護理世界的責任交託給他們。所以，人也不盡是與萬有完全一樣的，卻是上帝特殊的創造，能與上帝溝通，且被授予特殊使命。因此我們不能接受莊子的「齊物論」或新紀元運動所鼓吹的人與天地合一的觀念，環保思想切不可變成神化自然的自然崇拜。我們卻是要肩負起管理世界此神聖責任，作大自然的好管家。上帝是天地的主，我們按著祂的心意來治理世界。

人在上帝的位置，上帝在人的位置

第三、它讓我們了解我們在上帝那裏的位置，及上帝在我們生命中的位置：既然上帝是創造天地萬有的主宰，那作爲天地的一部分，上帝同時也是我們的創造主了。上帝並非無端任意地創造我們，卻是按著祂的心意和設計藍圖，才使我們被賦形體活在世上。因此人生最大的任務，是發現上帝埋藏在我們裏面的創造旨意，並且按著這個旨意而活。惟有創造主才真箇了解我們的本相，知道我們的潛能，故順著祂的心意而非自己的心意存活，是最穩當的事。信靠上帝，人便可以活得更燦爛、更豐滿。

當然，上帝創造我們除了是爲著我們的好處外，也必然同時是爲著祂自己的。正如一件作品往往反映了藝術家的意念與才幹，萬有也自當述說上帝的全能和美善。忝爲上帝的藝術品，我們必須盡力榮耀上帝，不單是用我們的口舌，乃是藉著所思所言所行，凡事榮耀祂。

惟獨上帝得榮耀。

第5章

我們的主耶穌基督(一)

我信我主耶穌基督，上帝獨生的子，因聖靈感孕，由童貞女馬利亞所生，在本丟彼拉多手下受難，被釘於十字架，受死，埋葬，降在陰間。

惟獨耶穌

基督教的信仰核心是耶穌基督。

我們相信的不是一個泛泛的上帝（甚麼天道、眞原、第一因、本體基礎……），而是一位曾在人類歷史中出現過、並向人啟示及施行拯救的上帝，這位上帝便是耶穌基督。聖經說：「從來沒有人見過上帝，只有在父懷裏的獨生子把祂彰顯出來。」（約一18）耶穌基督是自有人類歷史以來，惟一可以供人完全豐滿地認識上帝的門徑，因爲祂並非像其他宗教的創始者般聲稱從某個異象或異夢裏得到「上帝」的啟示，祂卻是上帝自己，並親自來告訴人祂是誰。

因此，整個基督信仰都是圍繞著耶穌基督的，我們被稱爲基督徒（不是上帝教徒），信奉的是基督教（不是拜上帝教）。耶穌基督是我們崇拜與歌頌的對象，也是我們在道德生活上學效的榜樣。耶穌基督是中心，祂也是一切。

縱使基督教確認上帝是三位一體：即包括聖父、聖子、聖靈（這個三位一體的道理你略爲知道就夠了，不要糾纏下去，因爲沒有人可以用理性或經驗眞箇明白它的含義，它是關乎上帝本體的奧祕），我們仍可以坦然將信仰的焦點置放在聖子耶穌基督之上，不用怕這會產生不平衡或不完全的弊病。正如耶穌基督的自稱，有了子便有了父，尊崇子的就是尊崇父。在我們敬拜事奉耶穌基督的當兒，我們便同時在敬拜事奉三位一體的上帝，因爲只有一個上帝。要是日後有人跟你胡說八道，說甚麼「基督教祈禱的對象應是父而非子」，請你用鄙視的眼光回報他，設若其時你身上穿的衣服不太貴的話，你不妨學效舊約人物在聽到褻瀆的話時的反應，把衣裳撕裂，以示憤慨。

我們永遠不會過分尊崇耶穌基督的，更不會因爲獨尊基督的緣故而教聖父不高興。（有這麼荒謬想法的人，常常忘了那與父「原爲一」的聖子如今已與父「復爲一」，他們執著於「三」而忘卻只有一個上帝。）因爲上帝是定意以耶穌基督來成爲人類惟一的救法，耶穌是道路、眞理、生命，祂是我們惟一能觸摸、能看見，又能有效地述說其內容的上帝。套用一個神學的說法，耶穌基督是「爲我們的上帝」

(God-for-Us)。

在今天，不少人爲了使基督信仰變得更合現代人的「理性」，更可以與其他宗教及文化接合，或者更可以排除性別（耶穌不幸地是男性嘛！）與種族（祂是猶太人）等有礙「平等」的因素等緣故，因此鼓吹將其中心由基督轉移至上帝那裏，就是說，强調上帝中心(theocentric)而非基督中心(Christocentric)。我們必須小心提防這些異端邪說。

有一首詩歌這樣唱：「惟獨耶穌，永遠耶穌，我心讚美，我口傳揚。」

上帝的獨生子與人的主

《使徒信經》用了超過一半的篇幅來論述耶穌基督，在比例上這不僅沒有不平衡，反倒是極之合宜的。

有關耶穌基督，《使徒信經》首先列舉了其兩重身分：上帝的獨生子與我們的主。

上帝的獨生子

耶穌基督是上帝的獨生子，這重身分彰顯了祂的神性，也概括了祂與父上帝的關係。根據人的理性所能推斷的，一種生物所生的後裔必然是與其同種同類的，牛生的是牛，人生的是人，那麼同樣由父上帝所生的耶穌基督，也自然是子上帝了。聖子的本質和屬性，與聖父完全相同，祂是完全的上帝。

或曰：要是聖子由聖父所生，那豈非說聖子的地位稍遜於父，必須依靠父才得存在？又若祂由聖父所生，而生出祂者的應在時間上先於被生的，那聖子豈非應有某個時間不存在，祂是否不是永恆的呢？

以上的問題，曾引起早期教會嚴肅與激烈的討論，整個過程我們無法在此詳述。但他們最後證諸對聖經最準確的理解、教義內在的要求，與聖靈在教會中的引導，而確立了耶穌基督在其神性上與父完全相同，祂是聖父在永恆中所生，故與父是永恆地同時存在，並無任何時間或情況下只有父而無子的教義。我想在現階段，你知道這個便夠了，有興趣的可以在日後進深研究。

事實上，有關三位一體此教義的奧祕，往往是教人的智慧束手無策的；單是要用人的概念與邏輯，來做有關上帝本質的描述或類比，已經是捉襟見肘了。要是我們不用人的概念來類比上帝，便完全無法對上帝有任何認知，但設若我們用人的語言來作類比，便得小心類比本身的限制：它只能應用在某個指涉的單項，而不能推論至全方位所有層面的。所以，用父子關係來描述聖父與聖子，只能讓我們理解聖父與聖子在本質上的相同，以及彼此密切的關係；我們不能再用人間的父子關係的其他層面，來推斷說聖父與聖子該是怎樣怎樣了。

我覺得，有關上帝的本體與屬性的問題，要非是聖經直接的啟示，人最好保持沈默。這不是迴避問題的怯懦表現，乃是對人的有限性的自覺而有的負責任態度。

人的主

《使徒信經》另一個對聖子的描述是：祂是我們的主。

耶穌基督是我們的主，這可是基督教信仰的核心教義中的核心哩。根據新約聖經及教會歷史的資料，早期教會最雛形的信經便是「基督是主」。夠簡潔與濃縮吧！但其含義卻是無遠弗屆的，所以已足夠指導信徒的信仰與生活了。

耶穌基督是主，所以祂擁有我們的主權，在我們的思想、言語、行爲，各種人際關係、責任、角色，內心的渴求、夢想、情欲，每時每刻、何地何方，祂都有發言與主宰的權力。我們在稱祂爲主的同時，便宣告了個人的一切已成爲基督的轄地，我們由原來對一己資源擁有絕對主權的地位，貶爲基督的委託人（管家），在祂的託管吩咐下管理和使用自己的資源（時間、才幹、金錢……）。

我喜愛的一位女詩人曾就我們稱基督爲主的含義，寫了以下扣人心弦的一段文字：

> 我既稱祢爲主，就應該亦步亦趨地跟隨祢、聽從祢，萬事找祢商量；我必須在周圍那繁囂噪音的敲打之下，聽得見祢溫柔的呼喚，也必須在種種情欲的衝擊之中，抓得牢祢平安的笑容。我必須清醒地活著，活出那眞正自由的意志，活出我選擇祢而放棄世界的決心。（胡燕青：〈我既稱祢爲主〉，收氏著：《我把禱告留在窗台上》〔香港：基道出版社，1995〕，頁15。）

神學家再深邃的思考、釋經者最嚴謹的熬煉，所能理解的亦莫過於此。

上帝成爲人

在指陳了耶穌基督的兩重身分後，《使徒信經》接著用了相對地頗多的筆墨來縷述祂的生平。

正如我在第三章所說的，《使徒信經》的寫成，其中一個原因乃爲針對當時期存在著的異端，故特別强調基督的人性，指出祂確實在歷史中誕生成人，又與所有人一樣遭遇了死亡。

基督信仰的獨特處，不在於承認有一位上帝存在，亦不在於宣揚這位上帝爲人開啟了救贖（開悟、解脫）之門（這兩點是幾乎所有宗教都同樣具備的）；卻在於宣告這位上帝曾爲了拯救人類脫離罪惡與死亡的緣故，親自降世爲人，活了三十三載。祂與我們一樣經歷過出生與死亡，嘗盡人間的悲苦。

上帝爲何要成爲人？這是千載難決的神學問題，歷代神學家雖曾費煞思量，提出各種不同的假說，卻始終無法教人滿意。教人難明處不在於上帝赦免人的罪，祂既是上帝，自當有權豁免人的罪債；而在於祂爲何要用這麼迂迴複雜的方法，親自降世、在人間活了三十三年，最後死在十字架上，才竟其功，成就整個救贖工程；這個複雜的救贖工程的各個步驟與拯救人類的目標之間，到底存在著怎樣的必須關係？就是說：是否若不經過這樣的步驟，上帝便無法拯救人類？

有趣的是，聖經並沒有很清楚地回答以上的問題。它沒有告訴我們上帝的死亡與死在十字架上這兩個事實，究竟產生了何種化學作用或因果效應，使救贖得以竟功；它卻只是指出上帝成爲人的兩重意義——不是尋根究底的事實性解釋，而是事件對我們這羣讀者的意義。

有情的上帝

第一個意義是：上帝是個有情的上帝，整個救贖行動是個有情的行動。腓立比書二章6至10節淸楚說明，耶穌基督毅然捨棄其爲上帝的尊榮，甘願來到人間，成爲我們中間的一分子，這充分顯示出祂的謙卑與虛己。而約翰福音更直截指出：上帝是出於愛人的緣故，才把自己的獨生子賜給人類。謙卑與愛心是上帝成爲人的精神動力，上帝是有情的上帝。

上帝不像一位腰纏萬貫的財主，輕描淡寫地免去某個負債者一筆對他而言乃屬微不足道的債項；也不像一個位高權重的貴族，本著「大人不記小人過」的施捨心態，隨意赦免某個奴僕對他做過、但又完全無損於他的冒犯。理論上說，上帝當然可以隨意寬赦我們的過犯，甚至忽視、輕視我們曾作的悖逆：「這於我何損？我不介意！」畢竟人與上帝的差距太大了，我們再狂妄，亦無法實際地損害到祂；這位高高在上的上帝，眞要寬赦我們所有的虧欠，對祂而言也說不上有甚麼偉大或了不起處，祂甚至可以對我們的欠債與祂自己的免債毫不在意、不動眞情。但是，聖經告訴我們：上帝不是這樣，祂是一位愛的上帝，祂是出於愛的動機而創造人類，並且也是出於愛的動機才向人施行拯救；祂在拯救我們的過程中，把祂自己完全投上去了。

上帝愛我們，不獨親自拯救我們，更爲我們的緣故來到人間，備嘗悲苦，最後被釘死在羞辱的十字架上。這實在是一件難以令人置信的事實，並且也是這樣的事實，構成一個難以抗拒的呼召：上帝既然如此愛我，我當為祂作何事？

基督了解我們

第二個意義是：基督明瞭我們的困境，體會作為人的我們的掙扎與難處。希伯來書作者闡述了一個重要的道理：因為耶穌基督這位我們信奉並祈求的對象，在各方面曾與我們一樣，經歷過試探、受過各樣苦，我們便可確認祂必能體會我們的軟弱，幫助我們這羣受試探的人；所以，我們只管坦然無懼的來到祂的施恩寶座前，領受祂的憐憫與恩惠。

我們歡迎一位高瞻遠矚的智者指引我們何為正路，但卻更感激有位仁者伴隨我們踏步同往；我們接納一位永不犯錯的智者為我們揭露錯謬的所在，又告知該如何棄惡趨善，但卻更感戴有位仁者跟我們坦誠分享他過去相類似的經驗，並且認同體會我們在立志與踐行中間的掙扎與困擾。「上帝」就其概念言，實在是太偉大了，偉大至根本無法涉入民間疾苦，難以明瞭匍匐在泥巴地上、命賤如螻蟻的人類的景況，而祂對人之賞罰獎懲，亦可以是悉隨其好，無任何空間供人置喙抗辯的。但耶穌所豁露的上帝卻不是這樣，祂是一位進入人羣中，全然認同我們的上帝；祂並不僅是冷眼旁觀地審視我們的得失成敗，又高高在上地說三道四，要求我們做這做那；卻是親自成為我們的同伴，並在披荊砍棘、血流披臉地為我們殺出一條血路之後，才呼召我們：「來跟隨我。」是這麼一位既體恤又有要求的上帝。

我們也許至終無法破解上帝為何要成為人的奧祕，但卻不能不為這位甘願將自己懸掛在木頭上的上帝的愛深深折服，屈膝下拜，低呼：「我的主，我的上帝。」

基督的生與死

《使徒信經》對基督的出生，做了以下的說明：「因聖靈感孕，由童貞女馬利亞所生。」

聖靈感孕

耶穌基督雖說是完全的人，與我們一樣，但就其出生的過程，卻與我們顯有不同，祂不是如常人般由一男一女交配、受精、懷孕而生出，卻是在聖靈超自然的能力介入下，使一位叫馬利亞的童貞女懷孕生子。因此，嚴格地說，耶穌基督只有母親而無父親，馬利亞日後的丈夫約瑟，只是祂的養父。

問聖靈感孕這件事怎麼可能是沒有意思的。若連上帝成爲人這樣匪夷所思的事情都能發生，則童女生子這個上帝誕生成人的過程就算不得太怪異了。畢竟神蹟就是神蹟，是人的理性無法盡行理解，也非人日常經驗所能規限的。誰能限制上帝的行事？誰可預計祂的心意？聖靈感孕的事實，只能讓我們歎爲觀止，囁嚅說：「這些事太奇妙，是我不曉得的。」

但設若我們探詢的不是這件事怎麼可能，而是爲何這樣成就；則我們便可以指出，整個基督出生的事迹，充分顯示出這是上帝的大能，是上帝而非約瑟或馬利亞，促成耶穌基督的降世。並且，我們也敢放膽地推斷，耶穌之所以用這般奇特的方法出生，旨在反映出上帝要打破人類自亞當以來繁殖後代的生理鎖鍊，耶穌是人類的新族類，是與亞當及其自然後裔有別的。因此，任何歸附基督的人，也就與祂的新生命相連，成爲新人，「這新人是照著上帝的形象，在公義和眞實的聖潔裏創造的。」（弗四24）我不是說若耶穌並非童女所生，就無法開創一個新人類，並叫我們的生命更新；我卻是視童女懷孕爲上帝刻意使人類在基督裏更新的一個標記。

除卻標記的功能外，我們再也看不到童女懷孕的任何直接作用了。早期教會由於受希臘的柏拉圖主義思想影響，認爲男女性行爲是汚穢不潔的，甚至推論說原罪也是由性行爲傳播，人類因由父母交配而生，故傳染了原罪；基督並非由父母交配所生，所以才沒有被原罪沾汚。時至今天，已甚少有人接納性是汚穢及原罪乃由性行爲傳遞的說法了，我們也不覺得此二思想符合聖經一貫的教導；因此，對童女懷孕一直以來最主要的神學解釋已失去其合法的位置，而我們亦無法找到別的更合理的神學理由以爲替補。

作爲一個順服聖經權威的基督徒，我們承認童女懷孕的事實，但就像耶穌生在伯利恆而非中國西安一樣，童女懷孕只是一樁歷史的事實：事是這樣成就的……

被釘十字架

至於耶穌基督的死亡，《使徒信經》的提法是：「在本丟彼拉多手下受難，被釘於十字架，受死，埋葬，降在陰間。」

這裏提到了耶穌的死因：是本丟彼拉多這位羅馬官員

（時爲猶太巡撫）處死（或至少是容讓其被處死）耶穌的，而處死的方法是當時期羅馬帝國最殘酷的刑法——被釘上十字架。

除了耶穌以外，《使徒信經》只提到兩個人的名字：馬利亞與彼拉多，前者關乎耶穌的出生，後者關乎耶穌的死亡。爲甚麼要特別提到彼拉多呢？除卻因爲他是那位促成耶穌被處死的負責官員外；更重要的是，將耶穌的死與彼拉多這位史有留名的人物相連起來，顯示出耶穌確實是歷史中存活與死亡過的一位，祂不是虛擬的神話人物。

耶穌基督在世上備嘗困厄，歷遍各樣的痛苦，連祂的死亡也是較一般人爲慘酷的。不過整個故事大概你在福音書中已經讀過，故我不再覆述。我要指出的倒是：知道耶穌基督的受苦與死亡並不是最要緊的，關鍵的是我們要認識祂的受苦與死亡乃是爲了我們——爲了我。

因爲，單單傳誦耶穌的受難與遇害，最多僅讓我們知道人類歷史中原來曾出現過這麼一個不幸者，教我們對祂寄以同情與憐憫而已。並且，在歷史中死於不公平、暴力殘害的例子也太多了，我們很難證明耶穌所受的待遇是最最不堪的一位。話得說回來，就算是最不堪的又如何呢？難道知道耶穌的遭遇，目的只爲使我們同情祂的不幸，且爲自己的較好運而暗自慶幸嗎？

不！耶穌的受苦與死亡絕非人類歷史中衆多殘暴不仁的個案中的其中一個，它要彰顯的主要不是人類的愚昧和荒謬，而是上帝的慈愛與犧牲。因爲耶穌基督並不是無緣無故地受苦、且在無力轉圜的情況下接受浩劫，祂卻是自願地接受十字架的刑罰，目的在成爲一個挽回祭，一方面補償人的過錯，另方面也消去上帝對人的怒氣，使人得以與上帝和好。

耶穌基督被釘十字架，指陳了兩個重要的事實：其一是人類的罪孽深重：我們所犯的罪竟然嚴重到一個地步，需要上帝為我們死在十字架上，才能予以贖清；其二是上帝的慈愛：上帝竟然愛我們至這樣一個地步，連自己的性命也不顧，甘願為我們擺上一切。十字架彰顯了人的罪惡與上帝的恩典。

最後，《使徒信經》就耶穌的死亡清楚指出，耶穌確實是為我們死了，埋葬了，且在一段時間內存在於某個死人所暫居的地方——陰間（希伯來文為*shoel*）。必須注意的是，陰間不是地獄，而是人死後靈魂短暫的居停，好待將來世界末日時的大審判。

第6章

我們的主耶穌基督(二)

第三天從死人中復活，升天，坐在全能父上帝的右邊，將來必從那裏降臨，審判活人、死人。

■ 復活的重要性

陰間不是人死後靈魂永遠的居所，更不是耶穌基督死後靈魂的長久拘禁地。《使徒信經》說：祂在「第三天從死人中復活，升天，坐在全能父上帝的右邊。」

耶穌的出生與死亡都各件隨著神蹟，祂的出生是藉著童女懷孕，而死後第三天則復活過來。不過若將兩個神蹟相比較，死人復活便遠較童女懷孕爲重要了。童女懷孕是聖經記載的事件，我們接納它亦是基於相信聖經記述的眞確性，但是，它卻沒有顯出甚麼特別的意義，至少使徒們都沒有把它當為一個信仰要件來加以闡發討論。惟是復活就不同了，它不僅僅是在歷史中曾發生過的一樁事件，更是我們的信仰的其中一個核心內容。證諸使徒行傳所載使徒們傳講的福音信息，可以看出耶穌復活是最顯著的主題；而保羅更在哥林多前書聲嘶力竭地申明：若耶穌基督不曾復活，我們便失去了復活的盼望，我們如今所信的也會是徒勞無功了。因此，耶穌復活是非常重要的信仰要件。

要是沒有復活……

根據保羅的說法，耶穌復活之所以特別重要，乃因它是關連到整個基督信仰的存或廢：

第一、要是基督沒有復活，祂便沒有戰勝罪惡與死亡，那祂還憑甚麼來赦免我們的罪，救拔我們脫離罪的奴役轄制呢？如此，我們便仍在我們的罪裏。

第二、若連基督自己也無法復活，那我們這輩無論是身分或能力都遠較祂差勁的人，就怎麼可以設想將來在死後可以復活呢？我們失去了復活的盼望。

第三、若基督沒有復活，我們今天所信仰的對象便是一個已死了的人；一個死者那怕其在生前的事迹再感人再轟烈，頂多使我們產生懷緬與景仰的心，又如何能支持我們為持守信仰而奮鬥呢？

第四、若沒有死人復活這回事，則人死如燈滅便是人間至理。不論賢魯、不管善惡，至終都難逃一死，且死得一了百了；那我們為甚麼不趁著有生之年追求各樣享受，盡量滿足情欲的渴求？為甚麼還要謹慎自守，追求道德上的完善呢？又為甚麼還要傳揚一個空洞無物的信仰，且為之付上生命的代價呢？

看，沒有復活，便沒有赦罪、沒有盼望、沒有基督，至終沒有信仰。甚麼都沒有了！

但是事實卻不是這樣，基督眞的復活了。

在耶穌死在十字架，屍首被取下來，按著猶太人的習俗埋葬在山洞墳墓後的第三天，祂便復活過來。人世間從此再無耶穌的骸骨，此地僅餘空墳墓。聖經記載，耶穌在復活後，不單顯現給祂的門徒看，並與他們相處了一段日子，更顯現給數百人看見。因此，復活事件絕不能只是使徒們因內心迫切期望而產生的幻覺。

也許我們無法用所謂客觀與科學的方法，來證明耶穌復活是確實的（這不是信仰出了問題，乃是科學或史學方法本身的限制），但至少就歷史現象觀之，那些使徒與耶穌的其他門徒，都是因著據報遇見過復活後的耶穌，而產生了堅定不移的信心，努力傳揚福音，且在頭三個世紀教會面臨嚴重的逼害、信徒遭遇嘲弄、試煉，甚至死亡的情況下，仍然毫不畏縮地宣講耶穌復活的信息。基督信仰是如此傳遞下來的，基督教會是如此擴展的。

二千年來，耶穌復活的信仰從來沒有停止被人質疑與拒絕過，特別是在十八世紀啟蒙運動以後，人們對理性與科學無限推崇，拒絕一切超理性及超自然的事物，故對聖經所載復活事件多所挑戰；時至今天，尚有少數自命開明或理性的基督徒附和耶穌復活不過是神話而非歷史、是信徒心中投射而非客觀事實的說法呢。不過，我們已經看到，將來更會看到，持這樣說法的信徒與教會，正在逐漸式微與衰亡中。不相信復活的，便由它滅亡吧。

復活的意義

前面曾經提到耶穌不復活所帶來的嚴竣後果，我們把它倒過來，便是復活的正面意義了：

第一、因著耶穌已經復活，並從而顯明祂確實戰勝罪惡與死亡，祂之宣告拯救我們脫離罪惡的權勢便是眞實無訛的，我們再也不活在罪中了。

第二、耶穌旣然已經復活，那祂曾對門徒說「我就是復活與生命，信我的人，雖然死了，也要活著」，便是眞確的，我們將來也得以隨同祂一起復活。如今我們擁有復活的盼望，正如一首詩歌所說：「因祂活著，我能面對明天；因祂活著，不再懼怕。」

第三、耶穌復活了，我們所信仰的祂是一位活著的上帝，是一位能與我談、能同我走的上帝，而非純粹靜態抽象的「上帝」概念，更不是一個業已消逝的歷史人物或悲劇英雄。我們的責債不是景仰基督，而是追隨基督。

第四、因著耶穌已復活了，我們便可以確定，人生並不限於短暫的塵世，今天的成敗得失並非是終極永恆的；如此我們開拓了視界，也糾正了生活的奮鬥方向，願意積極地利用有限的今生，傳揚復活的福音，並且爲追求不朽的生命與國度努力。

總之，有了復活，便有了赦罪、有了盼望、有了基督，也有了信仰。

坐在父右邊

復活後的耶穌，在地上停駐了四十天，然後便升天，返回父上帝那裏。

對現代人而言，「升天」也許是較爲突兀的說法，因爲它好像預設了古代人普遍持守的三層宇宙觀：天堂在上，塵世居中，地獄在下。今天我們既知道地球是個圓體，則天堂在我們上面的說法便很難站得住腳，所謂「升」天，又是甚麼意思？

我想，升天一詞只是一個象徵性的說法，旨在說明耶穌基督已經離開塵世的此在，不再受拘於我們身處的時間和空間，也不再藉賴任何物質或靈界（注意：基督教從來沒有靈魂較身體高級的說法）來支撐其存在；祂已回到自在永在的父上帝那裏。而所謂「那裏」，應該不是指著某個與我們有異的空間或國度，甚至不是指著任何地方或處所，因爲上帝是個無形無體、無處不在的靈呢。

上帝差遣聖子來到人間，使其與自己有別，成爲人子；如今人子復歸回父那裏，祂已結束其在世的救贖使命，一切已經「成了」。

執掌王權

《使徒信經》特別指出，耶穌基督正「坐在全能父上帝的右邊」。這是爲了符合舊約與新約的記載，包括耶穌的自證而寫的。參考耶穌自證的經文（可十四62），祂之所以要說明自己「坐在權能者的右邊」，乃爲證明祂自己就是舊約所預言、衆以色列民所期待的救世主（彌賽亞），因爲舊約（尤其是詩一一〇1)是如此記載救世主在上帝面前的坐次的。所以，耶穌坐在那邊並非這句信經的關懷所在，反正祂是否恆久坐著，又是否與父有別的並排而坐，根本是我們無法理解甚或想像的；它只是一個象徵性的說法，目的在指出耶穌是救世主，今天已坐著為王。受苦的僕人如今已執掌王權。

慈悲忠信的祭司

聖經並非單單指出耶穌在天上執掌王權，也同樣告訴我們，君王耶穌仍扮演祭司的角色，在父上帝面前為我們這羣活在世上的人代求。希伯來書的作者說：「我們有這樣的一位大祭司，祂已經坐在衆天之上至尊者的寶座右邊，在至聖所和眞會幕裏供職。」（八1～2）全因為祂的代求，我們才得以被父上帝赦免所犯的衆罪，坦然無懼地在施恩寶座前領受憐憫，得到恩惠。

基督教信仰確認耶穌基督兼具完全人與完全上帝兩重身分的意義就在這裏。惟有兼具神人二性，耶穌才堪作人與上帝間的中保：作為上帝的祂，有能力替人贖罪；作為人的祂，具備擔當人罪孽的資格；作為上帝的祂，如今以王的身分治理人類；作為人的祂，可以代表同胞向上帝祈求。

耶穌基督坐在父上帝的右邊，既為君王，又為祭司，祂是上帝與人的中保。

■

再來與審判

就開闢一條拯救之途，使人得著與上帝復和的機會，並且為生命注入新的盼望這般目標言，耶穌基督的死亡與復活，是已經完全成就且圓滿了的。但是，上帝的整個救贖計劃並不停在耶穌的復活事件之上，由於上帝的個別救贖工程仍然持續不斷，藉教會而推展的救贖歷史亦未嘗或竭，故必須待這個世界成為過去，人類歷史抵達盡頭時，救贖計劃才眞箇完成。在那時候，耶穌基督會由「天上」降臨，並且教所有過去在歷史中活過又死了的人復活，然後施行審判。

《使徒信經》在這裏強調耶穌將來要從「那裏」降臨，是因應著天使對目送耶穌升天的衆門徒的應許：「這位被接升天離開你們的耶穌，你們看見祂怎樣往天上去，祂也要怎樣回來。」（徒一11）耶穌的重回是呼應著祂的升天。在這兩個事件中間，便是教會時期。

許多信徒也許會很有興趣了解末世是如何發生的，《使徒信經》並沒有很詳細的交代，但綜合聖經的資料，我們大概可以復原以下一幅圖畫：

耶穌基督在世上的時候，開始了一個新的國度（天國，又稱上帝的國），將上帝的心意向人顯明，包括了戰勝罪惡與死亡、赦免人的罪，並藉著灌輸信徒新的思想與價值而逐步改變這個世界的秩序。但是，由於撒但的權柄尚未完全潰退，人心仍未盡然歸向上帝，罪所污染的宇宙秩序亦無法徹底修補，上帝的國是不完全的，基督在十字架上宣告的得勝也要待末日到臨時才落實應驗。

那一天便是世界末日，亦即耶穌重回的日子。對基督徒而言，末日的「日子」是次要的，最重要的是耶穌本人的再來。當時候，地上一切活動都將停止，耶穌要招聚所有人，包括仍然活在世間的，以及已經逝世的（他們將會復活），到祂的審判台前，為他們一生的言行，特別是在世時對耶穌的接納抑或拒絕，接受一次過的清檢。那些相信並順從耶穌而生活的人，將會得著永生的獎賞，並與耶穌基督一起進入永恆的國度；而那些拒絕救恩且為非作惡的，將要與上帝永遠隔絕，在地獄中接受永刑。

整個基督信仰的末世觀，都是圍繞著耶穌基督，並以祂為中心的。祂的第一次來到世上，開始了「末世」時期（我們正處於「末世」）；而祂的重臨則標誌著世界的末日。故此《使徒信經》沒有提到世界末日一詞，只道出耶穌重回的必成的事實。

聖經清楚指出，世界末日作為一個日子，是沒有人知道確實的日期的，耶穌甚至用上竊賊入屋偷竊為比喻，來說明這個日期的隱祕性：當人人均預期竊賊會在某個時候作案，並且提高警覺時，竊賊就不會下手了；往往只在人們不知不覺、疏於防範之時，竊賊才忽然臨到，教人懊惱跺足，無法追悔。所以，耶穌勸勉我們，必須持警醒等候的心，預備祂的重臨。

警醒等候並非叫我任意臆測那是甚麼時候，而是持定一個末世的心態，當著今天便是最後的一天，恭謹度日，並且守護自己的思想行為，不為罪惡玷污，好坦蕩蕩地迎接那怕是立即開庭的審判。

■

末世的心態

對現代人言，末世審判可能是相當遙遠陌生的東西。業經充分世俗化了的我們，眼目完全拘限在人所搭建的封閉又自足的經驗世界之內，思言行爲亦全然投注其中。現世佔據了我們的心，教我們失去對來生與永恆的關注；即使成了基督徒，知道基督將會重臨，也會因過分陷溺與執著現有的一切，而對教這一切灰飛煙滅的末日心存抗拒。這在心態上與早期教會的信徒顯有不同。對他們來說，如今與耶穌在形體上的兩地分隔是難以忍受的，也只應是短暫的過渡時期，他們期盼著主的重回(the parousia of Christ)這個日子早日來臨。「主必再來」是他們的信念，「請祢快來」是他們的盼望。正如希伯來書所說：「將來祂還要再一次顯現，不是爲擔當罪，而是要向那些熱切期待祂的人成全救恩。」（九28）所以，世界末日與耶穌重回，不但不是教人恐懼或抗拒的日子，甚至成了基督徒的盼望的主要內容。

不過，我們必須承認自己如今的心態與早期教會的信徒頗有不同：我們鮮有對耶穌眷眷不捨的依戀，熱切期待與祂永久同在；我們甚少覺著爲了福音的緣故自己已成爲這個世界的棄嬰，故羨慕那個眞正歸宿的天家。因此，我們並不自然擁有末世心態，此心態乃要經後天學習、努力爭取回來的。耶穌「將來必從那裏降臨」一句信經，正好是提醒我們要在這方面努力學習。

怎樣才算擁有末世的心態呢？有人以爲，末世心態是一個避世的態度，就是叫人只求來生，不管現世，反正今天的一切都不是終極的，皆會成爲過去，故此不應投注時間與精力在其中。這說法歪曲了聖經的末世觀。正確的末世心態是：基督徒有活在世上，承擔作爲現世的人的各樣責任（個人的、家庭的、社會的），不逃避、不畏縮，也不以任何藉口為替代；但在踐行現世責任的同時，我們卻看出它們都不是獨立自足的，卻是指向一個在它們以外的永恆意義，並且是這個永恆意義，令一切現世責任獲得了終極的價值。譬如說，基督徒必須孝敬父母，這除了是出於自然的反哺之心外，也是因著它是上帝頒布帶應許的一個誡命；基督徒作僕人的要盡忠職守，除了是懼怕主人的叱責外，更是由於「甘心服務，像是服事主，不是服事人」（弗六7）；基督徒要順服掌權者，究極原因是我們看出一切權柄均從上帝而來。如此這般地，我們看出所有現世責任都不僅僅存在著現世的、短暫的意義，更有從上帝而來的終極的、永恆的價值在其中。

此外，末世心態也教我們用永恆的眼光來鑑別事物，給予它們恰如其分的位置。由於我們確知現世的所有均會成為過去，我們就不會苦苦糾纏著一件事物不放，將生命的指望與意義完全寄寓其中，讓其控制我們的喜怒哀樂、甚或生與死。有限的東西並不因其為有限的而失去價值，但卻一定不能被終極化，視作永恆不變或至高無上的。我們知道，將上帝以外任何有限事物終極化，就是塑造偶像；對有限事物作全然投入式的渴求與執著，即等於拜偶像。金錢、權勢、職業、親情，乃至所有理想，均可以（但不一定）成為我們的偶像，竊奪了上帝在我們生命中的絕對位置。這是基督徒必須小心提防，且以末世心態來尋求校正的危機。

在有限的事物與現世責任中尋求永恆的意義，又用永恆的眼光來審視有限的事物與現世責任，這兩者便構成聖經教導我們的末世心態。持守末世心態，使我們役物而不為物所役，有情而不濫情，投入而不陷溺，追求理想而不讓自己與理想玉石俱焚，肩負責任而不視自己爲救世者，在世而不屬世。立足今生，注目末世；胸懷現世，放眼永生。

第7章

聖靈與教會

我信聖靈。

我信聖而公之教會。

我信聖徒相通。

離開《使徒信經》對耶穌基督的冗長論述，你會發現，接著而來提到的六件事，都是極其簡潔的，簡潔至只有那麼一句，並且只是說「我信某某」，幾乎沒有對某某作任何實質的描述。

■

聖靈的地位

有關三位一體上帝的第三位：聖靈，《使徒信經》只是提及祂的名稱。

這其實並不奇怪，因爲在編纂《使徒信經》的當兒，早期教會仍未就聖靈的位格與職事做過甚麼研究，他們只知道舊約聖經曾多次提及上帝的靈、耶穌基督應許過會差遣保惠師聖靈給門徒，以及新約的使徒們學效基督的榜樣，愛將父、子、聖靈三位並稱。所以，他們知道聖靈的存在，也隱約有「三一論」的形構；但由於教會尚未出現與聖靈相關的異端邪說，他們乃集中力量思考有關耶穌基督的神學課題，聖靈論遂僅是略略帶過。

不過，就著新約聖經的教導，我們倒可發現，《使徒信經》中緊接聖靈而提到的教會、信徒關係、赦罪、復活及永生，大抵都與聖靈的職事密切相關。故此也許這不是《使徒信經》編訂者的原意，但巧妙地整個信經便給人一個清晰的三分結構，將父、子、聖靈的位格與職事，順序地縷述下來。

聖靈是三一上帝的第三位，在地位上與父、子同尊，這當然也超出了人的理解範圍以外，我們僅僅如此宣認，便足夠了。

至於聖靈的職事，雖然《使徒信經》分別提到父的創造與子的救贖，但其實三一上帝並非如此嚴格分工的，故此在創造與救贖的事工上，聖靈均有參與。創世記便曾交代過聖靈在宇宙的被造過程中的工作（創一2）；而在耶穌的降世爲人施行拯救時，聖靈更是扮演著教馬利亞感孕的角色，嗣後耶穌在受洗（路三21）與行各樣的神蹟奇事時（路四1、14等），都有聖靈的同在與其能力相伴隨。因此，聖靈並非僅是在耶穌基督離開世界以後才有所作爲；單單稱基督第一次離去與再度回來中間的一段時間爲「聖靈時期」，彷彿說聖靈只在這段時間扮演角色，也是不恰當的。

舊約聖經恆常將聖靈與上帝的同在及其能力的貫注連在一起。一個人（不管是君王抑或先知）若有上帝的靈在他身上，就表示上帝悅納他，與他同在；他也會得著從上而來的智慧與能力，可以見異象、作異夢、得啟示、說預言，及行神蹟奇事，聖靈於此彷彿成了上帝的差役（或更準確地說，是上帝施為的媒介與手段）。

而在新約，當耶穌基督應許賜下保惠師（就是幫助者、勸誡者、支持者的意思）聖靈給門徒時，也同樣強調聖靈的媒介作用。聖靈是「基督的靈」，祂並沒有獨立於耶穌以外傳遞自己的信息、建立自己的勳業，卻只延續耶穌的使命，傳遞及印證耶穌已傳述過的信息，建立以耶穌基督為元首的教會。耶穌說：「我從父那裏要差來給你們的保惠師，就是從父那裏出來的真理的靈，祂來到的時候，要為我作見證。」（約十五26）「只等真理的靈來了，祂要引導你們進入一切的真理。祂不是憑著自己說話，而是把祂聽見的都說出來，並且要把將來的事告訴你們。祂要榮耀我，因為祂要把從我那裏所領受的告訴你們。父所有的一切，都是我的；所以我說，祂要把從我那裏所領受的告訴你們。」（約十六13～15）

我們無法完全明白上引經文中所敍述的父、子與聖靈三位的內在關係；如何父所有的都是屬於子的，而聖靈只從子那裏領受真理……但起碼我們可以確認，儘管如今耶穌基督已離世升天，教會及信徒由聖靈保護與引領，我們仍不是屬於「聖靈時期」，教會的元首仍只得耶穌基督一位。聖靈從不獨立工作，樹立自己的權威；也沒有人可以奉聖靈的名，樹立任何獨立於耶穌基督以外的權威。我們絕不能視已升天的耶穌爲過去了的上帝，聖靈爲今天的上帝，並且將今天的上帝與昔日的上帝對立起來，說甚麼聽從今天的上帝在今天的引導才是最要緊的；不！耶穌既不是過去的了，聖靈在今天也沒有離開聖子而獨立行事。並且，如同耶穌所說，聖靈根本沒有自己的啟示，祂只把耶穌所曾教導我們的話向我們再三印證和闡釋，引導我們進入耶穌基督的眞理；因此，倘若我們相信聖經是耶穌基督的教訓與闡述，又是爲耶穌作見證的一本書，就不能同時假設聖靈會作出聖經以外、甚或與聖經相對立的啟示，切切不可把聖靈與聖經對立起來。將來你便會知道，許多在教會歷史存在過的異端，以至今天氾濫的邪說，都是大搞「聖靈獨立運動」，企圖將聖靈與耶穌及聖經分割開來。

即使聖靈在心中向我們說話，我們仍得宣認：古往今來，只有耶穌基督才是上帝給人最大及最全備的啟示，而聖經則是這個全備的啟示的記錄。事實上，聖靈最主要的啟示工作，正是引導聖經作者撰寫聖經哩。

■

眞理的靈

耶穌基督將聖靈差給我們，目的在引導我們進入眞理，並且恆常站在眞理中。祂是眞理的靈。

聖靈如何引導我們進入眞理呢？聖經提到五個層面的聖靈工作：

首先，聖靈開啟我們矇朧的眼、軟化我們頑梗的心，教我們發現福音是上帝的大能。保羅說：「除非是被聖靈感動，也沒有人能說『耶穌是主』。」（林前十二3）所以，若無聖靈的感動，我們根本便成不了基督徒。

其次，聖靈引導我們，一步一步地、更深刻、更全面地認識眞理。在聖靈的幫助下，我們更敏感於上帝的心意，更明白聖經裏隱藏的奧祕。「從上帝來的靈，使我們能知道上帝開恩賜給我們的事。」（林前二12）

第三，聖靈給我們印證，教我們肯定現今確實站在眞理之中，好叫我們不容易被各樣的異端邪說所搖動。雖然某些說法似乎更合乎理性、更天花亂墜、更眩人眼目，我們仍對自己持守著的眞理有信心。主耶穌和父上帝賜給我們聖靈，使我們充分認識祂，知道祂的教導是何等有盼望、榮耀與能力（弗一17～19）。

第四、在我們不愼地偏離了眞道，行事為人不按照上帝的心意而行時，聖靈在我們心中，又會作提醒與督責的工作，「在罪、在義、在審判各方面指證世人的罪」（約十六8）。只要我們尚不致窮凶極惡，冥頑不靈，消滅聖靈的感動，就必常會經歷聖靈夥同良知所給我們的警戒。

最後，聖靈的主要職責既然是爲眞理作見證，那祂自然會催逼凡領受祂的人，也參與在這個爲眞理作見證的使命中。我們不單自己領受眞理，也憑著聖靈的能力，放膽傳揚眞理（約十五26～27）。

看，聖靈旣誘導我們進入眞理、更深刻的認識眞理、教我們站穩在眞理中、挽回我們偏離了眞理的腳步，又幫助我們傳揚眞理，祂之爲眞理的靈，可謂全備無缺了。

同在與能力

除卻引導人認識眞理外，聖靈在信徒及教會生活中，還有許多方面的職事。事實上，聖經所載有關聖靈的工作，幾乎是涉及信徒成長與教會使命的每一方面的，很難將其職事徹底開列出來。我們惟一知道的是：信徒離不開聖靈，教會也離不開聖靈。

不過，爲了方便作爲初信主的你，掌握聖靈在教會生活中的主要角色，我們且順著舊約的思路，將聖靈的工作固定在上帝的同在和能力此兩方面之上。

聖靈的同在

如同在舊約時期，一個有耶和華的靈在他身上的人，就是一個蒙上帝揀選的人，在新約教會裏，聖靈的同在亦成了基督徒的屬靈身分的最大證據。一個有聖靈內住的人，便得著得救的確據，知道自己已蒙拯救，屬乎上帝。「上帝的靈既然住在你們裏面，你們就不是屬肉體，而是屬於聖靈的了。如果人沒有基督的靈，就不是屬於基督的。」（羅八9）聖靈印證了我們的屬靈身分。

除卻身分外，聖靈也幫助我們確認自己的屬靈景況，教我們知道上帝在此刻仍然與我們同在，我們活在祂的旨意和恩典中。「上帝把祂的靈賜給我們，我們就知道我們是住在祂裏面，祂也住在我們裏面。」（約壹四13）聖靈肯定了我們的屬靈景況。

一句話：若有聖靈同在，我們便知道自己在身分上屬乎上帝，在處境上也活在祂的愛裏。

親愛的，請你不要覺得以上的說法純粹是知性上的東西，它們是具體實在的信仰經歷，絕非抽象的信條理論。我告訴你，作爲一個信主這麼多年的人，所曾經歷的上帝恩典，當然成千累萬，數之不盡；但若要我挑出其中一個最教我感恩的地方，我便會毫不猶豫地說：「是聖靈的同在。」每天當我打開已頗算熟悉的聖經，仍然可以在其中得著亮光與啟迪；每次當我在聆聽幾乎是老生常談的講道時，仍然有讓我扎心與被擊打的感覺；每次在日常生活、熟稔的環境與人際關係中，我仍有新的領受與體會……這些常常教我感激不已，口呼「主恩浩蕩」。倘若做基督徒已夠「老練」的我，仍然可以經歷聖靈的提醒，爲自己的過犯懊悔，並且厚著臉皮在上帝面前再度立我已經立過一百七十次的志願，我便眞可確定信仰是眞實的，上帝是眞實的，因爲聖靈與我同在。

聖靈的能力

聖靈除了印證上帝與我們同在的事實外，也加添上帝的智慧和能力給我們這羣屬乎祂的人。

聖靈賜給我們的能力，可以粗分爲內在及外在兩種。內在的能力就是基督徒的自我改造能力。聖靈要在我們的生命中，彰顯祂的大能，祂要幫助我們治死那在信主前一直轄制我們的「舊我」，特別是肉體的私欲，讓我們眞正順從上帝的心意而活；並且祂也促成我們生命的更新變化，使我們在思想和行爲上結出各樣的善果。這些善果又稱爲「聖靈的果子」（詳參加五16～26）。

外在的能力則是指著聖靈的恩賜，就是幫助我們參與教會的生活與使命。聖靈將不同的恩賜分賞給每一個基督徒，使他們在教會中互相配合，同心事奉，既傳揚福音給未信的人聽，又造就已皈依的信徒，滿足耶穌留存我們在地上的心意（請參林前十二～十四章；弗四章）。

基督徒的事奉與生活離不開聖靈的恩賜和能力。只是我們必須小心，別因過分追求外在的恩賜（尤其是那些轟轟烈烈、神蹟性的恩賜），而忽略了內在生命的改造。聖靈的果子也許並不比聖靈的恩賜爲重要（兩者如何能作重要性的比較呢？），但在優先次序上，聖靈的果子肯定較其恩賜，更值得我們首先追求。因爲聖經清楚告訴我們，惟有心誠意正、手潔心清的人，才配被上帝使用。上帝看重我們的品格，過於我們的才幹。所以，若在生命裏結不出聖靈的果子，則再具備講道或教導的口才，也無法傳講一篇教人悔改歸主的道。基督徒的事奉，是生命的事奉哩！

此外，我們也要提防，別讓勝利主義的心態混入教會來。別以爲若有聖靈所賜的恩賜和能力，我們的事奉或生活便必然路路亨通，無攻不克、無往不利。這絕不是聖靈的應許，上帝的大能亦不常顯在這裏。聖靈的能力也許會幫助我們改造那不完美的外在世界，但更多時是幫助我們改造自己的內在生命，使滋長出仁愛、堅忍、喜樂的心，好面對那不完美的外在世界。

■

基督徒的集會

緊接聖靈的條目是教會。

「教會」就其名稱言，並無任何神祕或特別處。希臘文*ekklesia*的含義只是集會，就是一羣人聚在一起。這個原意也非常切合我們今天的實況：教會主要不是一個組織、一個權力系統，或者一大堆條條框框的制度，而是一個基督徒羣體的聚會。這也是你每星期返教會的目的吧：不爲參加某個組織、不爲參與某個權力結構，而是爲了與認識的弟兄姊妹相交團契。

當然，也不能說只要將教會理解爲基督徒聚會，便算解決了所有有關教會的疑難。在提到集會時，我們還必須問以下兩個問題：是誰參與集會？參與集會的目的是爲甚麼？

在這裏，爲了遷就本書的編排，我們只回答第一個問題；教會存在的功能與使命，就留待在戊部才予說明。

是誰參與集會？答案顯而易見，是基督徒——耶穌基督的門徒。但是，要是我們是各自分別被耶穌基督呼召，才成爲基督徒的話，那我們只要各自跟隨祂便好了，我們的信仰與其他基督徒有何相干呢？爲甚麼非要參加基督徒的集會不可。皈依與得救難道不是純粹個人的事嗎？

無疑我們都是個別地被主所呼召，成爲祂的門徒，救恩從來都不是大批發的；但是，作基督徒卻恰好相反，從來不是個人性的。因爲，耶穌呼召我們，並不僅是爲了使我們個人得救，給予我們私下各樣的好處；也是爲了要使我們踐行祂在地上的心意，滿足耶穌基督在世上已開展的福音使命。我們不單是爲追求個人得救而成爲基督徒，更是因著參與基督在世的使命而成爲祂的門徒。而基督的使命，是不可能由一個人、或許多個個人來完成的，必待有一個由個別基督徒合組成的羣體，才能克盡厥職，實踐使命。

為此緣故，耶穌基督個別地呼召我們，呼召我們進入一個羣體。使徒彼得曾引用舊約時期以色列作為上帝所揀選的民族的觀念，指出基督徒其實已構成一個新的民族，他們是「上帝的子民」（彼前二9）。這也是耶穌在世時作過的預言：上帝要使在萬邦中信仰祂的基督徒，合成一個國度，以取代以色列民，成為新的選民（太二十一43）。如此，在你身旁的弟兄姊妹，就不僅是與你有共同信仰、志同道合的人而已，他們是你的同胞，你們是同屬一個民族呢！

對，基督徒與基督徒之間，確實是存在著一個血脈相連的關係，彼此難分難解、無法割斷。聖經用了許多的意象來說明這種堅韌的關係：或是稱我們為基督的身體，就是不同的信徒各自為不同的器官、肢體，然後合成一個身體；或是稱我們為基督的房屋，就是不同的信徒各自為磚塊物料，合構成一幢建造在耶穌這個地基上的房屋，好讓聖靈在其內居住。

所以，是誰參與集會呢？是一羣彼此血脈相連、脣齒相依的基督徒，他們走在一起，相交團契、也攜手共同實踐使命。他們之所以走在一起，不純粹是為了盡義務的緣故（你上教堂參加崇拜，不僅是為了盡義務吧？），也是這個關係的內在要求所使然，他們是不能不在一塊兒的。

聖潔而大公

《使徒信經》指出，教會具備兩重性質（其實不止兩重，這只是最起碼、也最要緊的兩重）：聖潔和大公。

聖潔

教會是聖潔的，但不是神聖的。教會不是神聖的，她並沒有一個由上帝親自訂立、神聖不可侵犯的制度，也沒有在其中出產超凡入聖、神通廣大的聖人；教堂所在地不是聖地，教堂內的擺設器物不是聖物法器，甚至聖職人員亦不具備「祝聖」任何人或物件的法力。舊約聖經清楚告訴我們，只有上帝是聖者(the Holy)，除祂以外，沒有任何人或物擁有本然神聖的性質。套用宗教社會學家彼得·伯格(Peter Berger)的說法：基督信仰在肯定上帝的獨一而絕對的神性後，便摧毀了萬物有靈論，不再視山川河嶽擁有精靈，不再視天地之間鬼影幢幢，故是將一切都世俗化了。

除上帝外，別無神聖，這是聖經一貫的教導。不過，由於上帝會徵用一些人或物件或時空來踐行祂的心意，這些被祂特別區分開來，為祂專用的人或物件或時空，便因此而具有神聖的性質。這並不因為他（它）們本然具備任何神聖的質素，乃僅是由於他（它）們為上帝區分與應用，才沾染到上帝的神聖；離開上帝，便立即還俗了。

對基督徒言，沒有任何人可以就其已成就的德行或功業而被抬舉為「聖人」（所以天主教冊封聖人的制度是有乖聖經教訓的），但設若我們甘願虔潔自守、為主所用，就因著我們被主所擁有，我們便統統成為「聖徒」。聖潔跟我們的修業無關，僅在於我們的立定心意為主所用。對教會言，她沒有任何神聖的人物或制度或組織或行為，但設若每個成員都奉耶穌基督為元首，遵行聖經的吩咐，順從聖靈的帶領，踐行上帝的使命，她就因此成了聖潔的教會。

聖潔是一個理想的(眞正的)教會所應具備的性質，是上帝建立教會的心意，像保羅說的，耶穌基督爲教會捨己，「為的是要用水藉著道把教會洗淨，成爲聖潔，可以作榮耀的教會歸給自己，甚麼汚點皺紋等也沒有，而是聖潔沒有瑕疵的。」(弗五26～27)因此，聖潔也應該是每個教會成員致力的目標。

我要再强調的是，教會之爲聖潔，不在於她已成就的德行或功業，就是說每個成員都已品格高尚、言行端正，或教會作爲一個羣體毫不犯錯、永無紛爭(你若存此想法，肯定會失望了)；而僅在於她立定心意，以耶穌基督爲元帥，踐行祂的使命。只要她有這樣的決意，她便已經是聖潔的教會了。

大公

教會也是大公(catholic)的。所謂大公，是指著教會的普世性。因爲只有一個上帝，一個耶穌基督，所以以耶穌基督爲元首的，亦只能存在著一個身體、一個教會。不管天下有多遼闊，歷史有多悠長，信徒有多廣衆，只要是尊奉基督爲主，便同屬一個教會。

當然，這裏說的教會，一定不是指著任何人間的組織和制度，亦不是指著你如今參與的宗派和堂會，而是屬靈含義的基督的身體。因著歷史上種種緣故，或是人的軟弱、或是事工有效性的需要，今天存在著不同的傳統、宗派與堂會，這是無法改變的事實，也不見得必須予以取締(可以設想，用任何人間權力一統江湖，做成的罪惡或傷害將會更大)；因著我們必須在一個固定的地方參與一個有形的團體，並與一羣有血有肉的信衆團契相交、踐行使命，故此我們也必須選定參與某個傳統、宗派或堂會，而不能假設自己可以超然物外，孤傲不羣。但是，在委身及效忠於一個傳統、宗派及堂會的同時，我們必須清楚：屬靈意義的教會，是遠遠大於我們如今所處的這個組織及羣體的；教會與非教會的分別，並不受限於任何人間的傳統和組織，而僅在於她是否信奉及傳揚那從上帝而來且一次過交付給聖徒的眞道。

如此，是上帝的道爲教會下了定義，決定了眞教會與假教會的分野。我們所屬的宗派及堂會，並不壟斷了教會的指涉範圍，也不應妨礙我們與別的宗派及堂會的信徒相交。只要我們共同尊崇一位耶穌基督、共同信守一個眞理，便同屬一個教會，同爲弟兄姊妹了。

不過，也得同時指出，既然是上帝的道決定了眞教會與假教會的界線，而教會的大公性及信徒間的合一要求又只限在眞教會之內，那麼我們就不能忽略彼此持守的道是否相同、對方是否持守上帝的道等考慮，而逕自吹噓合一的至高無上性，必須與任何自稱爲基督徒的人相交合一了。道不同不相爲謀，信與不信不能同負一軛，對於那些傳講別的「福音」的異類，使徒們絕不會鼓勵我們彼此包容、求同存異，卻是勒令我們立即將他們趕逐出眞教會之外。我們不能以人間組織（某某不屬於我的宗派）爲理由，排斥任何羣體或個人，拒絕承認他們是教會；我們也同時不能以人間組織（某某自稱爲教會）爲理由，無視上帝的道，來接納某個羣體或個人爲教會。

眞正的教會是大公性的，它構成信徒必須合一的要求，我們是在主裏合而爲一。

聖徒相通

基督徒彼此血脈相連的關係，教會大公性的要求，使「聖徒相通」成了應有之義。

前面已經提過，聖徒乃泛指一切信奉耶穌基督的信徒。他們之爲「聖」，並非由於在道德品格上無懈可擊，卻是因著信奉耶穌，被祂的寶血灑過，爲祂分別爲聖。這些信徒的身分和本質已因耶穌的緣故而被添加了，他們同屬一個國度、一個家庭，同爲上帝的子民、上帝的兒女，故此必須團契相交。

至於如何相通，由於涉及教會生活的具體情況，我們且留待後面才作討論，這裏僅以保羅的勸勉，來讓我們一窺門徑（我們在第二十四章，會對此節經文稍作闡釋的）：「行事爲人，要配得上你們所蒙的呼召，凡事謙虛、溫柔、忍耐，用愛心彼此寬容，以和睦聯繫，竭力持守聖靈所賜的合一。」（弗四1～3）

第8章

赦罪、復活與永生

我信罪得赦免。
我信身體復活。
我信永生。

由上帝到教會，再談到個人，這是《使徒信經》的理路。

罪得赦免

與個人直接相關的第一個信條是：「我信罪得赦免。」

許多人（包括教內或教外的）誤以爲，基督教的中心信息是宣告世人都犯了罪，每個人都是罪人。這其實是不正確的。無疑每個人的確都是罪人，世上也沒有任何人可以在上帝跟前堪稱聖人、義人，但這個論斷僅是基督福音的前提，而不是福音的內容本身。耶穌曾說過，祂之來到人間，不是爲了要宣判人的罪，乃是爲了要赦免人的罪，並且拯救那些陷在罪中無法自拔的罪人。是赦罪而非定罪，才構成「福音」是「福」而非「禍」音。

要證明人人均是罪人是沒有意思的。不管我們對罪是否具有相同的理解，總可以在自己的生命深處發現罪的存在：無窮的欲望、貪婪和野心，對人的嫉妒、惱恨與苦毒等。這與我們同時肯定人具良知善性，亦不相衝突，因爲惟有人本然具有善的觀念，才突顯出他的性格表現與善的理想的不相符合；也惟有他的良知催使其改過遷善，方反映出人的「立志行善」與「是否眞能行出來」是兩碼子的事，彼此沒有必然的邏輯關係。如此，那怕是再宣揚人本主義的宗教和哲學，都得承認「無明」或「小體」的存在，而這些名稱所指涉的無非是基督教所說的「罪性」。基督教與人本主義的思想的分別處，不在於前者肯定人有罪性而後者反對，卻在於後者認爲人可靠己力克勝罪惡但前者不同意而已。所以，我們根本不用證明罪的存在，也毋須指證人是罪人，沒有人會懷疑罪的存在。

基督信仰對罪有兩個重要的理解，其一是認爲罪是權勢，其二是指出罪爲債項。

罪是權勢

罪是權勢：聖經揭示了人活在罪中的事實。所謂活在罪中，不單是指我們犯了某些具體的罪行，或是撒謊、或是偷竊；而是指罪惡構成一個勢力，轄制著我們，教我們無法自拔。要了解這樣的罪的權勢，一點也不困難，只要我們想到自己所有的沈溺性的壞習慣，多番立志去除而總不成，明知其爲不好卻偏偏要做，便可窺其一二。佛家稱此罪的權勢爲業網或業力，是相當有見地的；問題只在於他們仍信賴人的精神能力，主張只要當下開悟便立即解脫，無視了正確的思想不必能主宰且導引出正確的行爲，也誇大了悔改更新的一次性、戲劇性與持久性罷了。基督教強調罪作爲一個權勢的無可抗拒性，是人無法靠思想或意志的能力來加以抵禦的。人不單犯罪，更成了罪的奴僕，被其捆綁，不得自由。

罪是債項

罪是債項：罪不單是人牴觸某個標準，做了某個不宜的行爲，更是對上帝的冒犯，破壞了人與上帝的關係。所以罪不單是道德性的，也是關係性的。上帝在創造人之初，原欲與人建立和諧無間的關係，但是因著人的悖逆，干犯上帝的誡命，違抗祂的旨意，才陷在罪中。如此，罪是人沒有盡上人的本分，辜負了上帝的期望，也侵奪了上帝的尊榮。正如保羅說的：「他們雖然知道上帝，卻不尊祂爲上帝，也不感謝祂。」(羅一21)人的忘恩負義、失職卸責，造成他對上帝的欠債。罪是債項，我們每個人在上帝跟前，都是負債者。

因著罪是一個權勢，故人必須等待一位超乎人能力以外的力量將他救拔出來；因著罪是一個債項，所以人在改過遷善之餘，還必須尋求他所虧負的上帝對他的赦免。

罪是一個債項，需要尋求赦免。我們不能僅在思想或意志上對自己說：過去的便已過去了吧，無論過去做了甚麼錯事，都可以像黑板上的粉筆字，一下子盡行抹去，只要以後不再重犯便成了。不！我們所犯的罪行能否成爲過去，不是由我們說的，乃是由我們所虧負的上帝決定的；要是祂不寬赦我們，則債項仍然存在，過去的罪仍一直伴隨我們，成爲今天的指控。

感謝上帝，祂不獨親自來救拔我們脫離罪的困境，更願意無條件地赦免我們所有的過犯，「用忍耐的心寬容了人從前所犯的罪」，使過去的眞正成爲過去；並且在基督裏爲我們賦以新的生命，讓我們從頭來過，重新活一遍，且活得豐富漂亮。「如果有人在基督裏，他就是新造的人，舊事已經過去，你看，都變成新的了！」（林後五17）

基督信仰之所以成爲福音，就是告訴人上帝赦免人的罪。從此，過去的罪行(sin)不再成爲對今天仍在良知裏產生作用的罪疚(guilt)。撒但不可以藉此來控告我，說我合該活在罪中，無面目見上帝；我自己亦不會因過去的失敗而自困絕境，教自己認定再無奮鬥下去的價值，反正我已經是個無可救藥的人。罪得赦免的含義，不單是指我們在未來仍然有新的機會，更是讓我們看到上帝已爲過去畫上休止符，從此展開嶄新的一頁，再無案底、再無包袱，我們可以輕身上路。

身體復活

接著來的信條宣告：「我信身體復活。」

在前面提到耶穌基督在死後第三天復活時，我們已指出祂的復活，既顯示祂戰勝了罪惡與死亡，亦預告了那些相信祂且將生命與祂相繫的人，最終也會與祂一起復活。復活是我們的盼望。

死亡的問題

打自罪因亞當的悖逆進入人間以後，死亡便成了一切生命所無法逃遁的結局。凡人皆死，任憑醫學再昌明，總不能永遠留著一條塵世的生命。死亡的事實，一方面映照出生命的有限性與荒謬性：即使人努力地經營事業，爲未來作各樣計劃，死亡都可以遽然掩至，一下子拆毀所有期望；另方面卻又突顯出生命必須尋求意義：既然生存是爲了死亡，建立是朝向拆毀，那爲甚麼還要生存及建立呢？人必須爲他的活著、且是無端而來無端而去的短暫活著，提出合理的解說。

死亡尖銳地突出了生命的脆弱和短暫，也使現世種種不公平不合理的現況變得難以忍耐。倘若生命是漫長的，則今天面對著的不公義，仍可被理解爲一時的情況，只要心存忍耐，或努力不懈地予以改變，總有盼到青天白雲出現的一日；但設若生命可以陡地消逝，在世受不公平對待的人含冤而逝，壓逼人的死後卻得風光大葬、名留史册，那麼，公義是否眞能伸張？理想是否值得堅持？正如康德所指，不朽(immortality)是倫理道德之爲可能的其中一個設準(postulate)。我們要相信善有善報、惡有惡報，今生不報來生報，否則無從要求人去惡遷善。

上帝將追求公義、盼望不朽的觀念埋藏在人心底。我們懼怕死亡，一來不欲失去現今擁有的一切，二來又對死後去處感到焦慮：是否眞箇人死如燈滅？

基督信仰告訴我們，死亡不是人終極的結局。不錯，塵世生命都要面對死亡，但人之死亡只代表其在塵世的一頁終止了，「他」卻並未因此化為烏有，消失於無形，而是被安置在「陰間」這個處所暫居，停止活動（聖經稱為「睡了」）；直等到世界終局、耶穌再來之時，每個死者便將復活，接受耶穌的審判，從而判定另一段且是永恆的生命的命運將會如何。

復活的答案

對基督徒而言，復活確實是生命中最大的盼望和祝福。不管我們在現世活得快樂或愁苦、輕省抑困難，死後的復活總為我們帶來活潑的盼望與生存的動力；我們享受今天的得著，卻不用憂慮或惋惜其在明天的失去，因為知道將來還有更大的得著擺在面前；我們活在艱難困厄中，深信苦難必有盡頭，有美好的將來等待著我們，故今天在苦難中的堅持謹守不是徒然的，苦難（縱然仍不可解）亦不會是無端荒謬的。

《使徒信經》在此特別強調：我們在他日不僅是靈魂復活，也是身體復活。這說法旨在駁斥希臘人流行的賤視肉體、抬舉靈魂的二元論想法。人的靈魂只是受造物，其本身亦不具備任何神聖或不朽壞的性質，因此靈魂並非不滅；要是人死後能復活，那不是由於靈魂的本質與構造使然，而僅是上帝使人復活過來。若上帝使人復活，祂就不會只讓人的某部分復活（靈魂復活，肉身死亡），卻是教他整個兒的復活過來。「身體復活」強調的是整個人的復活、復活對人的整體性。

至於復活後的我們是否與今天的我們完全一樣，無人可以知曉，事實上要將已在泥土中被分解且被別的生物吸收了的肉身重組復合，也是難以想像的事。保羅在哥林多前書十五章指出，我們在復活後得著的是一個靈性的身體，是與如今擁有的皮囊不一樣的。但可以確知的是，將來復活後的生命與現今的生命必然存在延續性，至少今天我們所作的一切，在來生都會被計算，也對來生的命運構成致命的決定作用。所以，我們必然仍擁有相同的身分與知覺，復活後的「我」不是截然不同的另一個人，仍然是今天的我。「那時所有在墳墓裏的都要聽見祂的聲音，並且都要出來；行善的復活得生命，作惡的復活被定罪。」（約五28～29）

約翰提醒我們說：「我們知道，主若顯現，我們必要像祂，因爲我們必要看見祂本來是怎樣的。凡對祂存著這盼望的，就潔淨自己，像祂一樣的潔淨。」(約壹三2～3)我們之所以能復活，完全是因著耶穌基督已經復活了的緣故，祂是所有睡了的人初熟的果子；故此我們乃是分享耶穌的復活及復活了的生命。但是，要是我們期望將來在復活的生命上與耶穌相似，就必須立志在現今的生活上也與在世上的祂相似，我們要敬虔自守，效法祂的聖潔。今天我們分享耶穌的生命，將來也必同樣分享祂的生命，今天我們在別人跟前承認耶穌，他日祂也會在天父面前承認我們。保羅說：「使我認識基督和祂復活的大能，並且在祂所受的苦中有分，受祂所受的死；這樣，我也許可以從死人中復活。」(腓三10～11)

相信身體復活，教我們立志今天跟隨基督、緊隨基督，生死與共，復活與共。

永生盼望

復活後的我們，將會得著一個永遠的生命。

「天堂」何在？

許多人在談論到永生的時候，總是强調基督徒將要進入一個叫「天堂」的地方，並在那裏享永遠的福樂，無限快樂、永遠快樂。進一步，他們把在現世無法滿足的期望投射到來生去，要求在那裏得到加倍的補償，譬如說在現世挨飢抵餓的，在天堂裏便瓜果滿園、酒池肉林，吃之不盡；在現世勞苦愁煩、胼手胝足的，將來便繞著手，甚麼都不用幹，有大羣侍婢服事，飯來張口。人將有限的反面投射出去，便成了無限的內容。

不過，聖經似乎並沒有太多有關「天堂」的描述，更罕有提到基督徒在那裏會享受到怎樣的待遇。無疑在啟示錄二十一至二十二章曾描述將來的新耶路撒冷的榮耀情況：黃金鋪成的街道，碧玉造的城牆，珍珠造的城門，全城光輝燦爛、毋庸點燈，還有一條生命河及河兩旁的生命樹。但是，到底我們該以字面去解釋以上的記載，視之爲天堂模樣的如實寫照；抑或是將之理解爲象徵性的語言，即是聖經作者用當時的人所能想像到最好的語言，來表達這個要來的國度的榮耀景象呢？舉例說，要是已無外面的敵人，那建城牆來做甚麼？就是現今的城市防衛觀念，亦用不著建造大城了。

新天新地

與其說聖經應許我們會進入「天堂」，不若說它更强調在末後會有一個「新天新地」（啟二十一1）。這個新天新地是完全由上帝所管轄的所在，再無邪惡的勢力，再無悲哀、哭號、痛苦、眼淚及死亡。可是，那個地方會有甚麼呢？聖經特別指出的，是上帝將會與人同在。「看哪！上帝的帳幕在人間，祂要與人同住，他們要作祂的子民。上帝要親自與他們同在，要作他們的上帝。」（3節）「得勝的，必要承受這些福分。我要作他的上帝，他要作我的兒子。」（7節）所以，黃金樹、碧玉城似乎並非聖經最突顯的東西（雖然用上了近半章的篇幅），上帝與人同在才是新天新地眞正關鍵的內容。

是的，上帝與人同在是舊約以色列人及新約信徒的最大盼望。「主與你同在」是他們在日常生活中慣用的祝福語。而耶穌基督這位救世主，也被冠以「以馬內利」的稱號（賽七14，八8；另太一23），這個詞除了就字根可解作童女生子外，主要的含義便是上帝與人同在。耶穌作為上帝而來到人間，表示上帝願意與人同在；祂在升天前對門徒的應許：「我就常常與你們同在」（太二十八20），以及對同釘十字架的一位囚犯的應許（路二十三43），都特別申明祂與人同在。這是人的期望，也是上帝的賜福。

我相信對基督徒而言，將來在天堂如何享福並非我們最大的關懷，天堂的實際模樣亦是不打緊的，最重要的是：我們得以和所信靠所敬愛的耶穌永遠在一起。正如保羅所說的：「我……情願離世與基督同在，因為那是好得無比的。」（腓一23）要是我們恆常本著分家產的心態來期盼天堂，那便大大不該了。

時間抑空間

另外一個較具爭議性的問題是：天堂到底是指一個具體的地方，抑或是指著一種景況？由於我相信「上帝與人同住」是天堂最主要的內容，故傾向選擇後者。事實上，將來只有靈體的我們，似乎也用不著受拘於某個固定的地點。與此相關的是，我相信「新天新地」所標示的，是時間而非空間的性質。上帝並非在那時才創造一個天堂或新天新地來安置祂自己及我們這大羣信徒，聖經中恆常用「天上」來描述上帝及升天後的耶穌的所在（太六9；來四14），所以，上帝的所在（非空間義的，因上帝無所不在，也不佔物理空間）就是天堂，也就是將來的新天新地。由於天堂已在，上帝在將來也毋須另闢地方，故新天新地指的是時間：就是歷史結束後的另一個階段。在其時，一切都被更新了。

在末日之後，聖經告訴我們，將會發生一些事情，譬如說會有一個羔羊的婚筵，我們會與耶穌基督一同赴宴；不過，同樣地這些也可能是象徵性的字句，表示我們與耶穌將要建立緊密不分的關係，因爲猶太人與中國人一樣，都視同桌吃飯是親密友愛、關係建立的活動。

我們無法具體地推想那個永遠的生命是怎樣的情況，但我想至少有兩件事是確實的：第一、上帝要與我們同在，直至永遠；第二、我們在其時並非攏著手來享清福，卻仍要在上帝跟前讚美服事祂。

與主同在就是天堂。

丙　我們的禮儀：水禮與聖餐禮

我們的禮儀：水禮與
聖餐禮

第9章

聖禮的意義

在清楚自己的信仰內容後，也許便該是合適的時間，讓你考慮接受水禮，正式加入教會了。

基督的命令

水禮當然是一個宗教儀式。

與其他絕大多數的宗教、尤其是中國傳統的民間信仰相比，基督信仰可說是最自由、也最簡樸的一個宗教了。她沒有爲信徒帶來太多繁文縟節的禮儀程序，亦沒有外加大堆架牀疊屋的宗教禁忌與律則。我們强調眞實的信仰主要是發自內心，然後引入生活中的；就是說，首先要求人在思想與心態上純一虔正，繼而在日常生活中將信仰精神踐行出來。心態與行爲表現是最要緊的，其餘都屬次要。聖經裏詩人曾這樣體會上帝的心意說：

> 因爲祢不喜愛祭物；
> 我就是獻上燔祭，祢也不喜悅。
> 上帝所要的祭，就是破碎的靈；
> 上帝啊！破碎痛悔的心，祢必不輕看。（詩五十一16～17）

彌迦先知亦語重心長地訓示我們：

> 世人啊！耶和華已經指示你甚麼是善，
> 祂向你所要的又是甚麼；
> 無非是要你行公義，好憐憫，
> 謙虛謹慎的與你的上帝同行。（彌六8）

所以，不要覺著成爲基督徒即等於要恪守一大堆命令與禁忌，參與形形色色的宗教活動，承擔各種各樣的宗教要求。基督信仰無疑是對人有要求的（並且坦白說，較諸其他宗教還要嚴重得多呢），但這些要求主要是在心態與生活上，而非在宗教儀式上。

不過，水禮仍是基督徒必須領受的一個宗教儀式。它是基督教會僅有的兩項聖禮的其中一項。

「聖禮」的定義

所謂聖禮(sacrament)，簡單地說，是指著特殊的宗教儀式，包括水禮與聖餐禮。它們的特殊性，在於是由耶穌基督在福音書裏設立的。

首先在水禮方面，儘管舊約早已存在著滌除罪惡的意義的洗濯禮，但我們仍將基督教會的水禮源頭置放在耶穌身上，是祂使水禮變得合法，且必須在教會內執行。耶穌在接受施洗約翰為祂施行的水禮時，指出這是當盡的義務；而祂在離世升天前更清楚吩咐門徒說：「你們要去使萬民作我的門徒，奉父子聖靈的名，給他們施洗。」（太二十八19）至於聖餐禮，就更不折不扣地是由耶穌基督所創立的。祂在最後晚餐的飯桌上，設立了聖餐，並對門徒說：「你們應當這樣行，為的是記念我。」（路二十二19）是耶穌的命令，使水禮與聖餐禮變成嚴格意義的聖禮，也是教會必須按時舉行、信徒必須參與的儀式。

基於這個原則，我們不同意天主教之主張水禮與聖餐禮以外，尚有五個聖禮（堅振、告解、神品、婚配、終傅）。我們當然重視按立牧師、會友結婚和安葬死者等場合，也會為此等場合編訂合宜且固定的儀式，俾使一切按規矩辦事，而相關人士亦得有規可循。但是，我們拒絕視它們為聖禮，因為這些禮儀並非由耶穌基督親自吩咐而設立，而僅是教會生活中自行訂定的儀式。教會可以按實際需要設立各項的禮儀、節期、作息程序，但它們不是嚴格意義上的聖禮。

按著相同的原則，我們也不視嬰孩奉獻禮、主日崇拜或任何慶典為聖禮。它們當然是莊嚴的禮儀，也有理由要求參與者持嚴肅與敬虔的態度赴會，但仍不是神學意義上的聖禮。事實上，尊重人間約定俗成的禮儀，不等於要為其賦予神聖的地位和價值，我們可毋須在輕慢對待與奉為聖禮兩種態度中二擇其一呢。

基督徒需要奉行水禮，因爲這是我們的主耶穌基督的吩咐。祂既然沒有給予你任何的豁免權，你便不應有所例外。記著，我們接受水禮，主要在遵行主命，而非僅是遵從傳統。

聖禮的價值

一個宗教儀式，通常包括了外在的符號（儀節、程序、所用的象徵）和內在的屬靈意義（或效用）兩部分。

對聖禮的看法，基督教（更正教、特別是咱們自由傳統的教會）與天主教有頗大的分歧。天主教較強調宗教儀式本身具有的屬靈效用，而我們則拒絕承認聖禮產生任何客觀的效用，只重視其內在的屬靈意義。

傳統天主教對聖禮的定義是：一個可見的符號盛載著不可見的恩典。他們相信，聖禮是上帝選定的一個施恩途徑。祂將恩典寄寓在聖禮所使用的象徵中，讓人藉著領受聖禮而得以實在地獲得此恩典。所以對人而言，領受聖禮前與領受後是有著實質上的差異的。上帝藉著水禮所用的水，使我們洗滌罪惡，重生得救；上帝也藉著那已眞實地變爲祂的身體與寶血的聖餐，滋養我們的身心靈。恩典乃在聖禮的象徵之內。

我們並不接納以上的觀點。更正教的看法是：聖禮只是一個外在的符號，用以表徵那已實際地成就在我們身上的上帝作爲。我們並不因浸在水裏或有水澆在頭上而重生，卻是藉水禮來象徵我們已蒙基督買贖和重生的事實；我們在領聖餐時並非眞實地進食基督的身體和寶血，而僅是藉著這個行動來記念我們的主，提醒自己祂曾捨命以滋養我們的事實。換言之，上帝的恩典並不寄存在聖禮所用的象徵中，甚至毋須在聖禮的儀式之內，卻是在任何由祂所選定的時空裏自由地沛賜給我們。

那麼聖禮是否對領受者具有效用呢？我們相信會有主觀的效用，就是說人若憑信心領受聖禮，認定聖禮所象徵的上帝作爲早已眞實地成就在他的生命中，則這個已成就的上帝作爲，便在他重新確認的當兒，再度堅固他的信心，激勵他的熱誠，也讓他對上帝抱存滿溢的感戴之情。如此，聖禮更新與重活(revitalize)人的宗教感情，亦即加强了人對領受上帝恩典後的回應。聖禮並不曾加添上帝恩典的客觀值，卻强化甚或倍增上帝恩典的主觀值，所以它具有主觀的效用。但是，我們不認爲聖禮具備客觀的效用，上帝的恩典既非必須由聖禮盛載，更毋庸藉聖禮來使之完成或奏效(effectuated)。我們的得救是本乎恩、也因著信，與水禮無關；眞正維持基督徒屬靈生命的養分是上帝的道，而非每月一次領受那一小點的餅和杯。

所以，我們將天主教對聖禮的定義修正爲：一個可見的符號盛載著不可見的屬靈意義。眞正要緊的不是儀式的程序或所用的符號(形式)，而在於這些符號乃至整個儀式所象徵的屬靈含義(意義)。由於我們不相信聖禮本身盛載著客觀的上帝恩典，並藉著授與受的程序傳遞給領受者，卻相信領受者先理解所受的象徵背後的含義，才能產生內心主觀的效應；故此，一個完全不明白聖禮的屬靈含義的人，即使領受了聖禮，也還是無任何效用的。這是爲甚麼我並不接受嬰孩洗禮(infant baptism)，認爲只有信徒水禮(believers' baptism)才是合法的。因爲只有在人先明白了水禮的含義，並在事實上業已重生得救的人，接受水禮才眞箇在他生命中產生主觀作用，整個聖禮本身才變得有意義。聖禮只具有主觀的屬靈意義，並不存在客觀的屬靈效用，故意義較諸形式更重要。

一個基督徒必須首先重生得救，了解水禮的屬靈含義，才好接受水禮。他也應該在內心預備充分，知道自己所作的是怎麼一回事，辨明所領受的餅與杯正象徵著主的身體與寶血後，才好領受聖餐。否則整個聖禮不獨於他無益，反倒招損（林前十一27～31）。

這也是爲甚麼在決定接受水禮以前，你必須清楚了解水禮的屬靈含義哩！

■

聖禮的地位

聖禮在基督教會中，佔著怎樣的地位呢？

每個宗教或多或少都定規了若干的宗教儀式，這些儀式對信徒的信仰與生活產生重要的作用。

理解信仰、表達信仰

其一、儀式幫助人理解信仰、表達信仰，儀式可以用具像的方法，將一個信息以多元媒介（言說、動作、圖像，以及邀請受衆參與）傳遞給受衆；如此使得該個宗教信息變得有形有體，可以讓人充分把握。對於較原始社會的宗教徒，或教育水平較低的普羅大衆來說，概念化的信仰內容是他們難以明瞭的，要求他們在無客觀準繩指引下作內在的屬靈探索（內修、冥想），或單單專注個人道德層面的心誠意正，難度也太高，故必須依賴外在規範化、程序化的儀式來維繫其宗教信仰。愈原始的宗教，儀式佔的比重便愈大，有些原始宗教甚至不存在獨立於儀式之外的義理或經典呢！

駕馭屬靈力量

其二、儀式擁有駕馭屬靈力量的功能。這與巫術的作用是相彷的。人類自古以來均對超自然力量感到恐懼，總是想藉某些方法來予以掌握、調節，甚或控制，巫術就成了人駕馭超自然力量的主要手段。宗教儀式亦可被視爲具有相同的作用。藉著執行一定的儀式程序，人可以獲得（或期望獲得）赦罪、闢邪、避災、祈福等屬靈的好處；超自然力量亦因此不再是無法預測、難以支配了。

爲生活注入神聖因素

其三、儀式使日常生活注入神聖的因素。藉著在一年內的不同時段季節舉行節期性的慶祝（新年、冬至、播種、收割……），以及在人生不同的重要階段（出生、成年、結婚、生子、死亡……）的慶賀或記念性禮儀，時間的遷遞、生命的變化便被注入了神聖的因素；原來平凡的日子、人生的必經階段變得神祕化、具有特殊的宗教意義。在宗教人類學上，人生重要階段的記念儀式稱爲生命禮儀(rites of passage)。

宗教儀式一方面使宗教生活化：即將有關超自然的實體

與力量引入人間，讓人獲得若干程度的理解與控制；另方面也使生活宗教化：即將日常生活神聖化及神祕化，使人感受到時間與生命的神聖意義。

直至近代知識普及化、聖經被大量印行且被廣泛閱讀爲止（大概是在十六世紀宗教改革前吧），基督教是非常注重儀式、强調聖禮在信徒生活裏的中心位置的。宗教儀式幾乎佔著信徒宗教生活的全部。這並不是耶穌基督本人的教導、或聖經裏上帝的要求如此所使然；卻是在教會建立後，信仰要在一個主要成員爲無知識的小民的羣體中傳播時，所不能不採納的門徑。但無論如何，信仰過分儀式化和神祕化，產生許多弊端，偏差與迷信頻生；是以在上帝的引領下，馬丁·路德推動宗教改革，使基督教回復到聖經原初的教訓，扭轉了其過分儀式化與神祕化的傾向。

這不是說更正教會從此不再注重儀式，甚或放棄所有儀式，而是要將儀式放回其恰如其分的附屬性與輔助性的位置。儀式是信仰表達的一種形式，其本身亦不具備神聖的性質，沒有任何神聖不可侵犯、不能更易的權威。儀式的象徵所包含的屬靈意義，才是眞箇要緊的。

即使你對天主教沒有甚麼認識，大概也會有一個印象：天主教比更正教更注重儀式，也更容易產生形式主義的危機。

返回對聖禮的看法：我們不認爲任何儀式或儀式中採用的物品本身具有神聖的性質及價值，更不認爲儀式擁有操控上帝的法力，可以藉著演作儀式來換取屬靈的福氣。聖禮純粹是人的行爲，也因此是人間的行爲，是人向上帝表達其宗教感情與思想的其中一個手段。聖禮（狹義的，專指水禮及聖餐)本身惟一的神聖地位,端在於它們是耶穌基督親自的吩咐,是由上帝定立的,因此人必須恭謹奉行。但是,這樣子的神聖地位,就跟在聖經裏記載的所有上帝的教訓、同是人必須順服聽從一樣,兩者沒有分別。耶穌吩咐我們為信祂的人施洗,與要求我們愛鄰舍如同自己,具有完全相同的神聖地位。聖禮在此並無任何特殊處。

當然上帝可以藉著人的遵行聖禮而賜福他們,但這是上帝自由的恩典作為,與人的行為(聖禮)沒有必然的因果關係。上帝賜福凡遵行祂的命令的人,故領受聖餐與孝敬父母,同蒙祂的福氣。並無任何證據顯示人在參與聖禮時所領受的福氣必然較其他時間為多、或福氣的性質有所不同。真正屬靈的食物,不是聖餐的餅,而是遵行父上帝的旨意(約四31~34)。

聖禮是教會生活裏不可或缺的部分,是凡遵行基督的命令、按著其心意行的信徒羣體均需踐行不替的。但是,我們拒絕為聖禮本身賦予任何神聖或神祕的價值,它不是人神溝通的特殊管道,亦非上帝恩典的必須出口,而僅是人記念上帝已成就的作為的一個宗教儀式。

聖禮與信徒

曾有人從功能主義的角度問我:「基督徒若不領受水禮或不領聖餐,將會有甚麼屬靈損失?這會影響他們的得救嗎?」明顯地,他將上帝的恩典視為實體性的東西,且可藉聖禮來傳遞,故才有領聖禮與否的得或失的問題。我想了想，回答說：「沒有。」他有些詫異，再問道：「要是沒有損失，基督徒是否可以不受水禮、不領聖餐？」整個問題的邏輯思維方式是：傳福音會有奬賞嗎？若沒有，那爲甚麼要傳？遵守十誡有奬賞嗎？若沒有，那還該照樣遵行嗎？……完全是實效性與實用性的考慮。我瞪著眼反問他：「爲甚麼不做？你敢不聽從耶穌基督的吩咐？」任何故意拖延或拒絕遵行聖禮的人，都是對耶穌的悖逆。

早期教會曾就人該在何時接受水禮爲佳產生爭論。有人從洗禮乃是進教會的門檻的角度看，主張所有決志者必須立即接受水禮；甚至有認爲既然接受水禮代表人被收納進蒙拯救者的陣營去，那便亦應該爲初出生的嬰孩施洗了。但是，另有人從水禮是洗滌人所犯的罪污的角度考慮，認爲既然信徒在接受水禮後仍免不了會犯罪，故最好把水禮拖遲，愈晚愈好，最理想的是在臨終前，這才可以將人一生所有過犯一次過統統洗淨呢。不管立論如何，我們都可看到，他們對聖禮持著神祕主義的看法，相信接受聖禮會帶來某些客觀的實效；故此亦對聖禮有功利主義的考慮，評估那個才是最佳領受此實效的時間，何時領受聖禮才爲人帶來最大的效益。

身爲更正教的信徒，我們認定人的得救端在於兩個「惟獨」：一是「惟獨恩典」，就是說得救純粹靠賴上帝白白的恩典，與人的行爲（包括聖禮在內）無關；二是「惟獨信心」，即表示人在上帝眼裏惟一能被計算的是他的信心，故其行爲（包括聖禮以及一切善行）之對其是否有益，端在於他在作此等行爲時對上帝的信心。我們信靠上帝的作爲（恩典），而非人的作爲（聖禮）。而就在我們將信心置放在上帝作爲的當兒，人的作爲亦因著這個信心而變得有效了。正如希伯來書的作者說：

> 沒有信，就不能得到上帝的喜悅；因爲來到上帝面前的人，必須信上帝存在，並且信祂會賞賜那些尋求祂的人。（來十一6）

人若有信心，則其作爲有用（對他有益）；沒有信心，則一切無益，而這裏所指的信心，並非人對自己的作爲有信心，甚至不是對自己的「信心」有信心（否則「信心」也變成人的作爲之一了），卻是對上帝的作爲及應許有信心，相信上帝會悅納凡遵守祂的命令、樂意事奉祂的人。我們對聖禮的看法也是一樣：相信上帝可藉著聖禮使我們得益處，卻不相信聖禮本身會使人得益；相信上帝，而非相信聖禮。我們拒絕所有對聖禮的神祕主義或功利主義的看法。

事實上，對聖禮的神祕主義的看法，最大的弊病正在於其使人將關懷的焦點由上帝（目標）轉移到聖禮（媒介）之上。要是我們以爲聖禮有任何神聖價值或神祕功效，則我們便很容易陷墮至拜物教(fetishism)的危機去，天主教的「敬禮聖體」的做法，正好是上佳的說明。我們必須將聖禮還原爲人的禮儀，旨在遵行上帝的命令。

那麼，聖禮對個別信徒的信仰生活，有何特殊意義呢？我們可以將前面提過宗教儀式對信徒的三個作用略爲修正，剪裁掉不合乎聖經教訓的觀念，然後做爲我們看待聖禮的意義的參考。

理解信仰、表達信仰

其一、聖禮幫助人理解信仰、表達信仰。在教會（尤其在公共崇拜的活動）裏，聖禮確實具有有效的教育功能。即使對受過相當教育，可以用概念來理解信仰、也用心靈活動來表達信仰的信徒而言，圖像化及外在化的聖禮，仍然可成爲他們那個概念化、內在化的信仰形式的重要平衡與補充，兩者是並行不悖的。藉著遵行聖禮，我們得以在知性活動以外，强化我們持定的信仰，也恰當地表露內心的感情。基督信仰是關乎全人的。

再嘗上帝的恩典

其二、聖禮並無駕馭屬靈力量的功能，無法促使上帝向人施恩。但聖禮卻有記念的作用，讓我們不斷被提醒上帝在自己生命裏已施行的恩典，並且藉著這樣的記念，而使上帝的恩典作爲不斷被更新、重現、復活、强化。耶穌基督無疑是在二千年前爲我一次過死在十字架上的，但在每次遵行聖餐時，我都彷彿感到祂正在爲我的罪而捨棄生命，歷史於此變成了現在。如此，聖禮使人主觀地享受上帝的恩典。

爲生活增添神聖因素

其三、聖禮爲我們日常生活添加了神聖的因素，至少使我們增加了一個屬靈的角度，來審視四季時節與人生歷程的變化。我們視自己接受水禮的一日爲屬靈生日，每年在相同日子，數算自己信主的年日，檢視信仰的歷程，回味上帝在其中的恩典施爲。我們視每月一次的聖餐禮爲教會的定期慶典，懷著恭敬與興奮的心參與，藉此爲週復週、月復月的公共崇拜生活，添上一些期盼與喜悅。聖禮確實使信仰生活化，亦幫助我們將生活信仰化。

第10章

水禮與作門徒

我們且專注討論水禮在個人層面的屬靈意義。

要是我們認定，是耶穌基督的接受水禮與吩咐門徒爲人施行洗禮，使水禮在教會生活裏獲得合法的聖禮地位，也使一個猶太人的行爲變成基督徒的行爲，則我們便可以藉著耶穌接受施洗約翰的水禮這個重要事件，照見出水禮的屬靈含義來。我們先看施洗約翰對水禮的詮釋，再思考耶穌（及繼後使徒們）對水禮意義的添加。

約翰對水禮的看法

成爲上帝的選民

水禮是猶太人的一個宗教傳統，最早是作爲使不潔者回復潔淨的儀式（參利十四8～9，十五章）。根據律法規定，那些曾患有大麻瘋等不潔的病症的人，若身體痊癒了，仍須用水洗澡，以示在宗教意義上亦得潔淨，藉此恢復在宗教生活及社交生活的正常地位。及後，這種藉水禮得潔淨，從而獲得宗教地位的做法，亦應用在外邦人（非猶太裔人）要求加入猶太教（他們被稱爲proselytes）的儀式上，他們同樣是用水來潔淨自己，好得著上帝選民這個宗教身分。

施洗約翰在約但河中爲人施洗。他改變了傳統以來用種族來區分猶太人與非猶太人、並區分出上帝選民與非選民的觀念，斷言上帝選民與非選民的分野應是在屬靈景況而非種族上。故此，他呼籲所有猶太人都接受這個原爲外邦人而設的水禮，作爲悔改歸回的儀式。約翰聲稱，在血源上奉亞伯拉罕爲祖宗的，並非都必然是亞伯拉罕的子孫，惟有那些結出仁義的果子的人，才是眞正的上帝選民（參路三7～9）。

這個革命性的觀點，經耶穌及保羅進一步的擴大，便成了新約對上帝選民的定義：上帝不再以種族血源來區分祂的選民，只有那些眞心相信耶穌，並將生命與耶穌相結連的人，才能成爲上帝的子民。而水禮便成了這個成爲上帝子民的象徵性禮儀。如同保羅說的：

> 你們因著信，在基督耶穌裏都作了上帝的兒子。你們所有受洗歸入基督的人，都是披戴基督的，並不分猶太人或希臘人，作奴僕的或自由人，男的或女的，因爲你們在基督耶穌裏都成爲一體了。如果你們屬於基督，就是亞伯拉罕的後裔，是按照應許承受產業的了。（加三26～29）

■

預備上帝的國

施洗約翰所傳揚的信息是：「天國近了，你們應當悔改。」（太三2）他呼籲聽衆接受水禮，好預備進入上帝的國。因此，水禮可被視爲成爲上帝的國的子民的一個預備、門檻或初階。

上帝的國是耶穌傳講的福音的主題。那不單是指著某些道德教訓，亦非僅是指著上帝的轄地或治權，而是泛指著上帝在舊約裏對以色列民的應許：包括上帝要親自作他們的王，全地都在上帝直接的統管之下，一切不公義的秩序都被端正更新等（就像日裔美籍史學家福山[F. Fukuyama]所說的「歷史的終結」）。由於上帝的國指的是上帝親自統治，及人類秩序的徹底更新，故必要待耶穌基督在末日重來時才能完全實現，上帝的國是未來性、末世性的。不過與此同時，由於耶穌已經來到世上，向人揭示了上帝的國的奧祕，且藉著醫病趕鬼等神蹟彰顯上帝的權能；更在呼召門徒歸入一個羣體後重整這個羣體的秩序，又差遣他們去參與改造整個世界的秩序，故此，上帝的國亦已經來到人間，是現在性的（太十二28）。上帝的國旣是未來性、又是現在性的，是旣濟又未濟的(already, but not yet)。（有關上帝的國的進一步討論，參本書第十六章。）

在這個上帝的國旣濟又未濟的時期，那些藉水禮而成爲教會信徒的人，便已進入上帝的國，因爲一方面他們已將自己的生命主權呈獻給上帝，由祂完全統管；另方面他們亦進入一個至少在原則上應是奉耶穌基督爲主、且按照其心意命令而行的羣體中。這羣立定在上帝的國之上的基督徒，必須在生活上踐行上帝的命令、彰顯上帝的權能，並致力參與人類秩序的改造和更新。水禮是進入上帝的國的門檻。所有接受水禮的人，都期待著上帝的國的完全實現，並且致力使上帝的國實現在他們的生命和生活之內。他們的祈禱是：「願祢的國降臨。願祢的旨意行在地上，如同行在天上。」

尋求上帝的赦罪

毫無疑問地，水禮有滌除罪惡的象徵意義，就像在日常生活裏我們是用水來洗淨身體上的污垢一樣。那些在約但河接受約翰水禮的人，都清楚知道這是一個「悔改的洗禮，使罪得赦」（路三3）；他們都肯先承認自己的罪（太三6），才接受水洗。

因著約翰將水禮的目標限定爲赦除罪惡，所以他在起初便拒絕爲耶穌施洗，並且陳明該是耶穌爲他施行水禮，好赦免他的罪，而非如此調轉過來由他爲耶穌施洗，不過，藉著領受水禮，耶穌表明祂與罪人的我們徹底認同。

在教會時期，水禮仍具有人眞誠悔罪以及接納上帝寬赦的意義。如同彼得在向人羣宣講時說：「你們應當悔改，並且每一個人都要奉耶穌基督的名受洗，使你們的罪得赦。」（徒二38）

當然，耶穌基督之寬赦我們的罪過，是在祂被身懸十字架之時，在那裏祂一次過宣告對人類罪惡的赦免；然後又在個別地呼召我們向祂皈依時，向我們重申祂已赦罪的事實。因此，上帝赦罪的準確時間並非在人接受水禮之時，乃是在較早以前。嚴格地說，基督徒之接受水禮，並非旨在尋求上帝的赦罪，因爲上帝已事實上赦免了他；他卻是在水禮中確認上帝赦罪的事實，並且立志洗心革面，過脫離罪惡的新生活，好叫他昔日的悔改成爲眞正的悔改。這亦便是彼得的教訓：

> 這水預表的洗禮，現在也拯救你們，不是除去肉體的污穢，而是藉著耶穌基督的復活，向上帝許願常存純潔的良心。（彼前三21）

道德上的更新

這樣的許願，意味著道德行爲上的改正。施洗約翰對前來尋求水禮的人，所要求的也是如此：「應該結出果子來，與悔改的心相稱。」關鍵的不在我們昔日所犯的過錯是否赦免了，而在於往後我們要過怎樣的形態的生活。若是我們接受水禮，僅是爲尋求赦免過去的罪孽，僅是指向過去，那心底裏的動機不過是恐懼昔日的過犯會招來將來的責罰，我們欲卸去過犯的責任，豁免所欠的債項。如此我們眞正厭棄的是罪的刑罰而非罪的生活。這種心態絕非上帝所悅納的。施洗約翰尖刻地詰問：「毒蛇所生的啊！誰指示你們逃避那將要來的忿怒呢？」

爲此，約翰沒有花時間爲信徒清理他們從前的過犯，處理良心不安或贖罪步驟等有關課題，卻集中爲他們未來生活作出指引，要求他們在行事爲人上與悔改的心相稱。他指示稅吏按規定收稅，不可多收；又吩咐兵丁不要恐嚇訛詐、魚肉百姓。一切都是前瞻性的。

眞正的悔罪是從今以後不再犯罪，故此是未來指向而非過去指向的。耶穌不願意定一位淫婦在過去所犯的罪，卻要求她從今以後不再犯罪。保羅亦告訴我們，水洗代表的是我們不再活在罪中，乃是過新的生活；不作罪的奴僕，反要成爲義的奴僕（羅六章）。

基督徒絕非靠賴行爲得救，水禮亦不構成人賴以得救的行爲，但新的生命卻必須有新的行爲以爲表徵。是人的認罪與上帝的赦罪，而非人自己克勝罪惡，使人得以免去罪的權勢的轄制，但眞誠的悔罪卻必須伴隨著改變的立志和努力（是否能確切做到，是另一個問題）。

成爲上帝的選民、預備上帝的國、尋求上帝的赦罪、道德上的立志更新，以上四點便是施洗約翰的水禮的教訓與屬靈含義。對基督徒而言，除了第三點需略爲修正（由尋求改爲承認）外，大抵都是我們可以、並必須秉持對水禮的理解。

接著，我們再看耶穌基督在這四點屬靈意義之外的補充，及使徒們進一步的闡釋。

耶穌基督的水禮

接受聖靈

施洗約翰清楚知道，他在上帝的救贖計劃中僅扮演預備性的角色，他的洗禮也只是預備性的水禮。他預言：「我用水給你們施洗，但那能力比我更大的要來……祂要用聖靈與火給你們施洗。」

「那能力更大的」當然是指著耶穌。雖云並無完全確實的證據證明耶穌自己曾爲門徒施洗，但爲人施行水禮必然是祂與門徒在世三年的事奉生涯中恆常做的一件職事，他們爲那些願意接受福音的人施洗（約三22，四1～2）。不過，施洗約翰在這裏指的「耶穌基督的施洗」，指的不是字面意義的水禮，而是廣義的使命及成就。約翰的角色是宣揚一個悔罪、期望上帝赦免的信息（這是用水施洗的意思）；而耶穌基督帶來的卻是上帝給人賜福或咒詛的抉擇：祂或是要將聖靈賜給人，使生命更新；或是讓人面對上帝的審判與刑罰（用聖靈與火施洗）。無論如何，聖靈的賜下是耶穌基督的福音使命的一個重要特徵。

在耶穌自己接受水禮時，上帝的靈果然從天上降下，像鴿子般有形體的落在祂身上，這是耶穌基督擁有上帝的同在及能力的明證。可以說，耶穌基督是第一位既接受水又領受聖靈的洗禮的人，而此亦爲基督徒的水禮樹立了典範。耶穌在與一位法利賽人尼哥德慕談道時，清楚指出：「人若不是從水和聖靈生的，就不能進上帝的國。」（約三5）水與聖靈是一個人重生得救的標記。

耶穌基督在受苦前，曾多番應許賜下聖靈作爲門徒的保惠師，也接續祂在世上的教導和勸慰工作。而在復活後、乃至瀕升天前一刻，祂都重申要門徒等候那從天上降下來的聖靈並祂的能力（路二十四49；徒一8）。結果就在五旬節當日，聖靈如火降到使徒身上，充滿他們，使他們獲得特殊的恩賜和能力，可以勇敢地爲眞理作見證（徒二1～4）。

接受水禮與接受聖靈

一個頗具困擾性的問題是：究竟接受水禮與被聖靈充滿是否同一時間的同一事件，抑或是分開的兩個時間兩樁事件？在教會歷史上，一直存在著對此問題的兩種看法，爭持不休。贊成接受水禮與接受聖靈是兩個時間兩樁事件的，除了引用使徒門早已接受水禮、卻要延至五旬節才接受聖靈的事例爲佐證外，主要支持的經文是使徒行傳十章裏所載一些外邦信徒先領受聖靈、才繼而受洗（十44～48），以及保羅在以弗所爲那些曾受約翰的洗卻仍未領受聖靈的人按手，以致聖靈在其時降下（十九1～7）。不過，這幾個經文證據其實並不太牢固。因爲使徒與以弗所地方的人都是在耶穌基督賜下聖靈前便已接受水禮，他們所受的是施洗約翰式的水禮，如前所述，這是沒有兼具聖靈的「悔改的洗禮」；所以，他們在接受水禮時並未同時領受聖靈，必須在事後藉按手而補受，一點也不希奇。但是，在聖靈經被賜下後的新約教會，特別是使徒行傳那個過渡時期以後，是否尚有接受水禮而尚未接受聖靈的情況，便頗教人懷疑了。

反對接受水禮與接受聖靈是兩個時間兩樁事件的，主要是就著新約聖經對水禮和重生的論述。他們引述保羅的話指出，一個人若非被聖靈感動，便根本不能說「耶穌是主」（林前十二3），所以也不可能接受水禮歸入基督；事實上，任何有效的水禮必須是在聖靈裏的（林前十二13），否則亦無法使人重生。耶穌基督無疑曾提過人必須從水和聖靈重生（約三5），但接著祂卻强調只有聖靈才是使人重生的那位，「從靈生的就是靈」（6節）；可見「水」在這裏並非教人重生的媒介，而只是指著水禮的事件。保羅在提多書所言上帝「藉著重生的洗和聖靈的更新」來拯救我們（三5），就更顯出接受水禮和接受聖靈是同一回事，因爲他在這裏竟然把重生的效用撥到水禮名下，而非置在聖靈之上（要是領受聖靈是另外的事件的話！），故正確的解釋應是：我們是藉著在水禮中領受聖靈而得著重生與更新。

無論如何，主張接受水禮和接受聖靈爲兩個時間與兩樁事件的，與堅持其毋須必然如此、可以爲同一時間同一事件的，至今仍各持己見，無法達成共識。

兩個聖禮？

那些主張接受水禮與接受聖靈爲兩個時間與兩個事件的，如何看待這兩個事件之間的關係呢？大致上有兩個主要看法。第一，是將接受水禮與接受聖靈視作兩個不同的聖禮，前者是水禮，後者則是堅振禮或堅信禮。這是天主教及一些贊成嬰孩洗禮的更正教宗派所主張的。他們認爲洗禮乃旨在使人（包括嬰孩在內）納入上帝救贖的盟約關係裏，就是說，福音的應許已在他的生命中應驗。但是，一直要到他到達懂事之齡，可以確認自己的信仰，然後才領受象徵賜下聖靈的堅信禮，成爲教會的正式會友。

我個人不接納嬰孩洗禮的做法及背後的神學理論，這裏無法詳細論述。我們只要指出，聖禮僅是人的作爲，爲人在一個象徵禮儀中確認上帝已成就在其生命裏的恩典事實；因此一方面絕無甚麼以上帝作爲爲中心的聖禮(God-centred sacraments)，另方面人要非先理解聖禮所象徵的屬靈含義，聖禮便根本不會對他產生任何效用。是以嬰孩洗禮並無意義，惟一合法的是信而受洗的信徒水禮。

重生與聖靈充滿

第二，是將領受聖靈視作人皈依基督後的另一個事件、另一個屬靈經驗，甚或另一個上帝的作爲。這是約翰・衞斯理以至日後靈恩派教會的主張。他們聲稱，人單單認識與接受耶穌爲救主是不足夠的，必須擁有一次特殊的徹底赦罪、脫胎換骨的重生經歷，其救恩才算完全。重生是得救後的另一次屬靈經歷，故又稱爲聖靈的第二次恩典，主要是讓人在感性經驗上確定自己已跟昔日的罪並犯罪的「舊我」一刀兩斷，並且得嘗被聖靈充滿的喜悅與平安。衞斯理本人非常强調聖靈充滿的一次性的經歷，稱之爲聖靈的洗(baptism of the Spirit)，這理論爲日後的靈恩派教會繼承。不過他關注的重點是聖靈充滿所帶來的完全脫罪的成聖感覺，而靈恩派教會則將重點轉移至聖靈充滿所帶來的特殊能力，包括說方言及醫病趕鬼等超自然能力。

我非常尊重衞斯理本人的經歷，但卻看不出他之主張聖靈的洗爲人在決志及得救後的另一個事件及經歷，到底有甚麼堅實的聖經證據。因此，儘管我不反對基督徒可以擁有或應該追求聖靈的充滿以及其沛賜的屬靈能力，亦不會視之爲與水禮及其象徵的重生得救截然分割的兩個事件。

對於接受水禮與接受聖靈二者的關係問題：我的觀點是：一、若水禮象徵著基督徒的重生得救，則必然已有聖靈的工作與貫注，不可能有已重生但尚未領受聖靈的基督徒。二、若接受聖靈泛指基督徒在信仰生活中被聖靈感動、充滿、更新、賦能等經驗，此等經驗乃可在任何時候發生，並且應該終其一生不斷發生；它當然可以在水禮之後發生，但絕不應是一次過的。三、若接受聖靈指的是一次過的特殊事件（即無論是水禮以外的獨立聖禮，抑或是悔改得救後的某個重生經歷），則聖經並沒有這樣的教導。我既不認爲堅信禮是一個可與水禮分開、但同列爲狹義的聖禮的禮儀；也不認爲那種一次過且戲劇性的重生經歷是信徒必須擁有或追求的。

簡言之，領受水禮既象徵人已重生得救，則受禮者必然已領受聖靈。

耶穌基督在水禮中同時接受聖靈，這是新約（包括我們）的水禮與約翰的水禮最大的分別處。

與基督聯合

新約的水禮另一個重要的含義，是與耶穌基督作生命的聯合。

保羅在羅馬書六章3至8節，詳細闡明了我們如何將生命結連到基督之上，又水禮如何反映了這個事實。他指出：我們之所以能脫胎換骨，成爲新造的人，乃因著我們把自己完全歸附到耶穌基督的一生，包括祂的死亡、埋葬與復活之上。如此，耶穌的死亡成了我們的死亡，祂的復活也成爲我們的復活。我們與祂同死時，沾滿罪汚、殘缺不全的舊我便給釘死在十字架上；由於罪作爲一個權勢，只能在人有生之年轄制他，人死了，罪便已無能爲力，故此「死了的人已經脫離罪了」。當我們與耶穌一同復活，便可以獲得一個全新的生命、一個不再受罪惡與死亡的權勢與規律管轄的生命，一切都可以重頭來過；上帝既重新造我們，我們也得以重新做人了。

當然以上所說的事實並非靠肉眼能見，只能藉頭腦去理解及心靈去體悟。有些人若在信主前作奸犯科、無所不為，信主後的洗心革面、行為改變，便較容易在外觀上給看出來；但更多人若是一直以來在表面上循規蹈矩，儼然正人君子，則信主後行為的變化就不太明顯了。不過，我們倒可以親自體驗，每個人都是罪人，即使沒有在行為上觸犯刑法，在思想與態度上仍是充滿罪污的，故在皈依基督後，經過聖靈的感化與滌蕩，內心的變化是我們自己清晰可感的事實，別人也許觀察不到，作為當事人的我們卻心知肚明。故此，「新造的人」與「心意更新而變化」的說法，即使帶有神秘性的色彩，甚難明白其箇中真相，仍是我們有第一手的經驗可察知的。

保羅認為，水禮作為一個禮儀、一個符號象徵，便是旨在表述這個人的生命本體上所產生的變化。惟必須小心的是，保羅並非說洗禮的儀式或程序或動作本身象徵著我們自己的受苦、埋葬與復活：我們下水時表示自己死了，身子浸到水裏表示已埋葬了（若是如此解釋，則主張浸禮的人便將完全理直氣壯了），從水中冒起來表示復活了。要是這樣，則我們是受洗歸入自己的死、而非歸入基督了。保羅強調的是：我們的洗禮，象徵的是我們與那位受死、埋葬及復活的主全然聯合，故重點在「歸入基督」而非受死、埋葬及復活。至於如何在水禮這個符號中看出我們與基督聯合的意義，符號與意義間有甚麼對稱或類比的關係，請恕我也無法得知。我們所能知道的是：保羅告訴我們，我們的水禮象徵我們與基督聯合。

就是因著我們與那死亡的基督聯合，我們也與復活的基督聯合；我們分享祂的死亡，也分享祂復活的生命。我們的受洗代表著我們歸入基督，與祂完全聯合。

與基督聯合，對基督徒而言，有兩個重要的意義。

神子的地位

第一、我們得著上帝兒子的名分。

耶穌在領受水禮與聖靈時，有聲音從天上來，說：「祢是我的愛子，我喜悅祢。」（路三22）

耶穌在水禮中彰顯其神子地位，祂是上帝的獨生子。必須注意的是：上帝並非在此時才揀選並膏立（猶太人領受聖職的禮儀）耶穌為神子或彌賽亞，那個從天上來的聲音，只是當眾宣告這本來已是事實的消息而已。

有關耶穌基督作為「上帝的獨生子」的身分，我們在第五章已論述過。這裏要進一步指出的是，由於耶穌是上帝的兒子，那些在生命上與祂聯合的人，便亦因祂的緣故得著上帝的兒子的名分，上帝也成了我們的天父，我們敢呼叫祂為「阿爸、父」。當然，我們的兒子身分與耶穌是有本質上的不同的，祂是上帝的獨「生」子(begotten son)，而我們只是收納回來的嗣子。不過，受造物的我們能攀附至這樣榮耀的地位，並且藉此教我們擁有坦然無懼地向上帝呼求的特權，已是連造夢也想像不到的福分。

受洗歸入基督的人，得著嗣子的名分；我們除了是上帝的選民外，也是上帝的子女。「你們因著信，在基督耶穌裏

都作了上帝的兒子。」（加三26）

僕人的地位

第二、我們承擔僕人的使命。

那從天上來的聲音：「祢是我的愛子，我喜悅祢」，原來出自兩節舊約的經文，前句來自詩篇二篇7節，這是關乎耶穌作爲以色列的君王的身分的描述；後句來自以賽亞書四十二章1節，卻是指到耶穌是先知預言那位要來的受苦僕人。

耶穌基督既然是上帝的兒子，當然擁有一切榮耀尊貴的身分。但是，祂之來到人間，卻不是爲了享用這個榮耀的君王的地位，而是謙卑地以僕人的樣式，參與人間的苦難，承擔人類的罪孽。祂自己說：「人子來，不是要受人服事，而是要服事人，並且要捨命，作許多人的贖價。」（可十45）

耶穌基督不獨自己成了受苦的僕人，祂也呼籲凡跟隨祂的人，亦走上這條充滿苦難的十字架道路。「如果有人願意跟從我，就當捨己，天天背起他的十字架來跟從我。凡是想救自己生命的，必喪掉生命；但爲我犧牲自己生命的，必救了生命。」（路九23～24）

這裏我們且不詳細說明基督徒如何走十字架的道路，因爲對你而言，一時間該無法消化這許多道理。我們要知道的是：基督徒不能單單期望在基督得榮耀時與祂認同，卻在祂受苦時與其割蓆。要是我們不與祂同作受苦的僕人，便不應指望將來能分享祂的君王權柄。效法基督指的並非是學效那如今坐在高天、尊榮的神子基督（這是我們學不來的），而是追隨那位昔日降世爲人捨命的人子耶穌。我們與基督榮辱與共、悲喜互通、生死相繫。

受洗歸入基督的人，承擔了祂的僕人的使命。

接受耶穌基督的水禮，除了意味著我們成為上帝的選民、進入上帝的國、確認上帝的赦罪，及道德上立志更新外，更象徵著我們已領受聖靈，及與基督有生命的聯合等事實。

參與水禮，說明你已不折不扣地成為基督的門徒。

第11章

水禮與教會生活

如前所說，基督信仰不單是個人的信仰，亦是羣體的信仰；因此，接受水禮不僅有個人層面的屬靈含義，也有羣體層面（教會性）的屬靈含義。

水禮與加入教會

先從最簡單的含義說起吧：接受水禮即等於加入教會，成爲教會的正式會友。

教會不同於一般的社團組織，不會訂立甚麼入會的條件、規限，既毋須介紹人，又不徵收入會費。加入教會最主要的條件是接受水禮，很多時這且成爲惟一的條件。

爲甚麼接受水禮會是教會的入門階梯呢？這是因爲雖然在外觀上教會不過是一個人間的組織團體，但在理念上她是由耶穌親自設立的神聖團契，具有特殊的身分和使命。教會不是由人任意隨機湊合出來的單位，其中的個別成員乃至全體成員都不擁有教會的主權，只有基督才是她的主；因此，沒有人有權爲加入這個團體訂立任何的條件要求，人間的性別、種族、貧富、階級、職業等人爲界線在教會裏統統是無效的（參加三28），更遑論按教會內成員的喜惡偏好來訂定入會條件了。那麼，教會如何訂定入會的條件呢？惟一的考慮是基督的考慮、亦是福音的考慮：凡加入教會的，必須是重生得救的基督徒。

教會的大門永遠是敞開的，任何人都可以隨時進來，參與大部分的聚會及活動，與基督徒結交相識，並從而了解基督信仰。但是，我們不能把所有在教會裏出入、定期參與聚會及活動的人，都視爲教會的會友，更不能隨意地將教會的管理及決策權開放給他們。因爲私人關係與個人表現並不構成作教會成員的條件，惟一合法的條件仍是他們是否已經接受了福音，成爲基督徒。

也許你會抗議說：重生得救與接受水禮並無直接的邏輯關係，爲何你不可能已是基督徒，但又因著某些緣故未曾接受水禮呢？爲甚麼不容許那些已宣稱重生得救卻拒絕參加水禮的人成爲教會的會友呢？

我們謙卑的回應是：教會爲了小心謹慎，不讓那些傳揚別的福音的人混進來，便必須設立若干審查的機制，好判別基督徒的身分，而水禮便是最重要的一個機制。

遵守主命

首先，正如前章所說，接受水禮是耶穌基督的命令，也是基督徒當盡的本分。除了因著某些無法控制的因素（如家人激烈反對）而不得不暫緩遵行外，任何人不應耽擱怠慢這個從上而來的命令，拒絕接受水禮。因此，聲稱自己是重生得救的基督徒，但卻拒絕受洗，要非是自相矛盾不能證立，也是問題多多啟人疑竇的。

初信栽培

其次，教會甚少是將水禮孤立起來，做爲一個純粹的儀式的。我們通常會要求那些願意接受水禮的人參加慕道班（或稱初信班、水禮班〔catechetical class〕），讓慕道友(catechumen)學習基本教理(catechism)，以保證他們擁有起碼的信仰知識；接著，教會的牧者或長執也會個別地與慕道友懇談，了解他們信主的歷程，確定他們信仰的眞實與虔誠程度，才決定是否推薦他們參加水禮。如此，水禮是一個有效的信徒質素的檢定機制。

公開見證

第三、水禮對個人而言，也是一個公開宣認他的信仰的機會。藉著在接受水禮前牧師的提問與他的回答：「我信！」他在衆人面前承認了他所信的主；而事實上，不單是他口頭的宣認是認主的行動，整個水禮的儀式本身就是一個承認信仰的見證，因爲接受水禮即等於已經歸入基督、披戴基督（加三27）。耶穌曾說過：「凡在人面前承認我的，人子在上帝的使者面前也承認他；在人面前不認我的，我在上帝的使者面前也不認他。」（路十二8～9）所以，若是眞正皈依基督的，就沒有理由拒絕這個公開宣認信仰、見證信仰的聖禮。

教會將水禮這個由耶穌基督所命令、聖經明確要求的聖禮，視作驗證人是否重生得救的機制，以至成為收納會友的手續和標準，是合情合理的。這不獨不是教會排斥異己、惟我獨尊的表現，反倒是她謙卑虛己、順服主命該有的做法呢。

所以，一個即使業已重生得救的基督徒，還是得按著規定的程序，接受水禮，才能成為教會的正式會友，可以竭盡作會友的義務，承擔教會的福音使命。（至於會友的權利嘛——能盡義務就是最大的權利了！）

水禮與宗派傳統

從原則上言，我們加入的是基督的教會，就是《使徒信經》所宣認的聖而公之教會，或聖經所說的基督的身體、基督的新婦、及基督的房屋。但從現實上言，我們參加的是更正教裏某一個傳統之下的某一個宗派裏的某一個堂會，我們成了該個堂會的會友。

基於各種複雜的歷史因素，今天存在著許多不同的傳統與宗派（那些異端教派可不算在內呢！），她們都是在過去四百年間，在世界各地成立的。你大概會有興趣、並且也有需要去了解一下自己所屬的宗派的歷史與傳統吧！

所有正統的基督教會的信仰，絕大部分都是相同的：我們有同一本聖經、同一位信奉的上帝及耶穌基督、同一個信經，以至幾乎完全一樣的教義和屬靈經驗。正像保羅說的：

> 身體只有一個，聖靈只有一位，就像你們蒙召只是藉著一個盼望。主只有一位，信仰只有一個，洗禮只有一種；上帝只有一位，就是萬有的父。（弗四4～6）

當然，宗派與宗派間仍存在著一定的差異和分歧（不然就根本不存在宗派了），但這些差異若與其相同處比較，要不是微不足道，亦可說是相對地爲次要的。宗派間的差異或許是在一些枝節的教義上（若是主要，則就不僅是宗派分歧，而變作正統與異端對壘了），又或者是在禮儀與組織體制上，有時甚至只是在屬靈氣質、關懷重點與表達形式上。不一而足。

受洗加入教會，表示進入某個堂會以及該堂會所隸屬的宗派傳統。在上慕道班的時候，教會通常會撥出若干時間，與準會友介紹自己的宗派歷史與傳統，讓他們在認知這些資料之餘，更爲其基督徒身分賦以特殊的內容和意義；並且，教會亦會爲其禮儀與教制作出解說，闡明其歷史源由與屬靈意義，俾使他們在日後更易投入教會的生活。

也許有人會質疑說：爲甚麼我不可以成爲一個純粹意義的基督徒？爲甚麼我非要加入並認同某個宗派傳統不可呢？我的直截答案是：目下根本不存在一個所謂純粹意義的基督教會，任何宣稱其反對傳統各個宗派、反對宗派主義，而自詡要直接嫁接到使徒傳統的教會，結果不外乎在傳統各種宗派之外自立門戶、另開新的宗派。（他們不當自己爲宗派是一回事，客觀事實卻不容他們的一廂情願所掩蓋。）宗派的存在是避免不了的事實。並且無論是在歷史抑或現實上，宗派亦不見得只存在著彼此傾軋、互相排擠的負面效果，也是基督教會之所以能更靈活更有效地拓展的重要因素；因著人的罪性，大一統與中央集權並不一定是好事，潛在的危機與實際的錯謬也許更多。所以，我們只該提防惟我獨尊、排斥異己的宗派主義，卻不應一筆抹殺宗派存在的價值。

現實地說，由於我們不可能加入一個不是宗派的所謂純粹意義的基督教會，而我們的信仰生活及使命又必須在一個特定的信徒羣體中才能奠立實現，故參加一個宗派的堂會便是惟一的選擇。別告訴我你打算秉持「大公主義」，不願成爲任何堂會的會友，只會每週到不同宗派的不同堂會聚會，到處拈花惹草、做個閒雲野鶴；眞要這樣，我能想像到的，是你的教會生活、以至個人的信仰生活，都會變得一團糟。再不理想的現實，也還是理想之能兌現的惟一場景。問題不在於你是否要固定選擇一個禮儀傳統或宗派組織，而在於你必須選擇並認定一個信仰羣體，並與羣體的其他成員建立密切的相契關係；後者對個人的信仰而言，是生死攸關的。

所以，你必須加入某個固定的宗派及堂會。要是你對宗派的存在仍感不滿意，心中有個疙瘩的話，那在加入了某個堂會成爲會友以後，再致力推動普世教會合一運動吧。無論如何，你得先有一個立足點。

先在慕道班對某個堂會的宗派傳統有所認識，然後接受水禮，正式加入該個堂會及宗派。你會知道，你既成爲該個堂會的一分子，便亦是該個宗派傳統的一部分，你將是該個宗派傳統在未來的更新、發展與演變的其中一個元素。因爲，我們繼承傳統，成爲傳統的一部分，也參與推動並促成傳統的轉化。

至若問我們該如何挑選合宜的宗派或堂會嘛……這不是一個正常的問題。因爲在正常的情況下，我們都不是自行在芸芸衆教會中挑三揀四，尋找一間自覺最合心意的；卻是在許多機緣巧合（上帝心意？）的情況下，才參加某間堂會的聚會。故此，除非你如今所在的堂會存在著一些令你無法接納及忍耐的問題，逼使你必須擇地而遷，否則都不應輕率地轉換堂會。事實上，教會畢竟是（當然也不僅是）人間的組織，故必然有若干人的問題，這是難以避免的。分別僅在於多或少、大或小，但總不會完全沒有問題；因此，若你抱著尋找一間完美的、理想的教會的心態，到處流浪，便恐怕窮一生的時間都無法在任何羣體裏著陸。

基本上，能夠正確分解上帝的道、給予信徒合宜的餵養、信徒間能和衷共濟眞誠共處，以至高舉基督傳揚福音的教會，便是非常不錯的教會了。倘若你還有其他偏好與盼望，則應找一位屬靈長者談談，聽聽他的意見，這裏我不便多說，也不知該如何給予指引。

至於不同的宗派傳統孰優孰劣的問題，我想這已超逾了你目前對基督教的知識的程度，暫時還是不談也罷。將來多念一些教會歷史及歷史神學的課程或書籍後，才涉入這個大題目也不晚。

譬如說，有關水禮的形式，到底該是灑禮抑或浸禮，便是既贅長又複雜的神學問題，絕非研讀一兩節經文或做某個字的釋義便能解決的。我想最合宜的做法，是遵從你所在的堂會的宗派傳統。記著我所說的：正統教會間的差異總是枝節性的問題，在水禮的形式方面正是如此，它不影響我們在基督裏的救恩。

■

心有所屬

請別誤會我在上面的講論旨在高舉宗派傳統，或主張傳統的權威地位不容質疑。我們信奉的是耶穌基督，惟有祂才是我們的主；我們尊崇的是上帝啟示的聖經，只有聖經才是千古不易的權威。一切人間的權威，不管是個人、組織或傳統，都只有相對性的價值與約束力。「惟獨聖經」是更正教徒必須堅持的立場。我們不應絕對化任何傳統，視之爲不能懷疑、不能挑戰的終極權威；不管它的歷史淵源如何悠久，均需要因應時代的需要而改變，並且也得在聖經的準繩下被裁判與鑑正。

拒絕自大、拒絕犬儒

但是，儘管傳統可變，我們仍得活在傳統之下，而不能假想可以推倒一切重頭來過。一方面客觀的現實不容許我們這樣做，另方面即使僅是在心中有這樣的想法，也會教我們有自我無限放大、惟我獨尊的傾向。我們不能睥睨一切，指點江山，以爲自己可以跳越二千年的教會傳統，直接與耶穌及使徒接源，並且由祂親自教導我們某個衆人皆謬我獨正的獨家眞理。這種狂妄的想法，要非催使我們自立門戶，創立新教派；就只會教我們產生犬儒心態，凡事批判、凡事保持距離，拒絕對任何東西投入與承擔了。就我的經驗所得，眞正能做教主的爲數絕少，大多數對一切傳統皆持懷疑主義與相對主義態度的人，都是走上犬儒主義的歧路去。而犬儒主義對那個本該要求人投入委身、激發熱情的信仰，是有百害而無一利的。

勇於委身

基督徒的接受水禮，本來就是一個委身的行動，我們毫無保留地委身於基督，與世界的一切、乃至昔日的我們一刀兩斷，勇往直前，義無反顧。縱然我們不應將對基督這種全然投入的態度移植到任何其他事物之上，否則就是將那些事物偶像化；但是，我們仍得認定，對基督的委身必須有個著陸點，就是有個可供我們表達內心對基督的熱誠、落實委身於祂的渠道。如耶穌所說的：「如果你們愛我，就要遵守我的命令。」（約十四15）但是，基督的命令該兌現在那個現實的場景之下呢？要是我們完全沒有心中屬意的人羣，沒有與之同哭同笑的弟兄，沒有決志委身服事的對象，那我們該如何徒手憑空的在蒼茫天地間向基督明志呢？

認定相愛對象

受洗加入教會，表明我們願意選定（或被選定）一個現實的羣體，作爲我們實踐信仰的場景。現實的東西總是有瑕疵不完美的，正如完美無瑕的東西除了上帝以外總是不存在的，教會與信徒亦然。但不管怎樣，在加入這個羣體，與其他成員建立肢體關係以後，我們便有形有體眞實感觸地認出可以相愛、並必須相愛的對象。是他們的存在使「你們要彼此相愛」這個命令變得可能；也是他們的存在，使我們深切體會「你們要彼此相愛」的要求，若非是耶穌的命令、且有聖靈的介入與幫助，對人而言是根本做不來的。故此，是我們的弟兄姊妹讓我們看見能與不能：上帝能、我們不能。

委身於一個傳統裏

受洗加入教會，表明我們願意委身進一個宗派傳統裏，並在此傳統裏繼續進深了解及體驗基督信仰的奧妙。對比於過去悠長二千年的歷史，任何個人都實在太渺小了。就僅著陸於一個傳統之上，勤懇認眞地認識一個傳統，也還得花上十數年的時間；故根本無從想像我們可以像蝴蝶採蜜般、隨意周旋在眾多大傳統與小傳統之內，便能對各個傳統有眞切的認識，且判斷出在某個觀念或表達形式上哪個傳統更爲優越，各取所需、任意剪裁。惟有我們投進一個傳統之內，眞切了解該傳統的某個觀念或表達形式的來龍去脈、上下古今，我們才識別出這個觀念或表達形式的優劣利弊，判斷其該保存抑或該揚棄，又該如何保存或揚棄。

所以，在你決定接受水禮時，你知道你不僅是向基督開放，也是向一個羣體的過去（傳統）及現在開放。從此，你的信仰不單是個人的，也是與該個羣體緊密相連的。你不僅個別地效忠基督，亦是在該個羣體內效忠基督；你不僅是在私人生活裏經驗上帝，譜寫個人的救恩歷史，也是在該個羣體內與他人一起共同佇候與發現上帝的作爲，共同撰寫你們共同的救恩歷史。

> 親愛的，上帝既然這樣愛我們，我們也應當彼此相愛。從來沒有人見過上帝，我們若彼此相愛，上帝

就住在我們裏面，祂的愛也在我們裏面得到成全了。（約壹四11～12）

第12章

聖餐的價值

除水禮外，基督教會另一個聖禮是聖餐禮。在絕大多數情況下，聖餐禮都是只開放給已接受水禮的基督徒的；換言之，這是一個緊隨著水禮之後的禮儀。

與水禮不同的是，聖餐禮不是一次過、一生只領一次，而是周而復始、定期舉行的；有些教會每週均有聖餐禮，大多數則每月舉行一次，也有少數一年只有幾次。單從經驗的次數而論，聖餐與我們的信仰生活有更密切的關係。

對聖餐的理解

從歷史溯源說，聖餐乃是耶穌基督在最後晚餐的席上設立的，當時祂與門徒正按著猶太人的傳統，舉行逾越節的晚餐。在飯後，耶穌分別拿起餅和酒，分派給門徒進食，並宣告這是祂的身體和寶血；完成了整個儀式之後，祂再吩咐他們：「你們應當這樣行，為的是記念我。」（參路二十二19）就因著這句話，基督教會（不管是東方抑西方）一直遵奉不替，按期在公共崇拜中舉行聖餐禮，直至如今。如同水禮一樣，聖餐作為教會嚴格意義上的聖禮，主要的根據在於它是耶穌基督親自的命令。

不過在二千年來，東西方不同傳統的教會，對這項聖禮各自作了相當分歧性的理解；而這些意義上的不同詮釋，倒過來亦支配著他們對禮儀中的符號應用與程序安排。所以，今天天主教、東正教與更正教有各自不同的聖餐禮的禮儀和神學。在更正教的各個宗派傳統之間，亦對聖餐禮存在著懸殊的想法和做法。

天主教與東正教

最關鍵的分歧點，在於對象徵（餅和酒）與其背後所指涉的實體（reality，耶穌基督的身體和寶血）之間，存在著怎樣的關係。傳統天主教會及東正教會接納了實在論(realism)的立場，視餅和酒在聖禮中實際地變成耶穌基督的身體和寶血，這是一個性質上的變化，故他們的說法被稱為變質說(transubstantiation)。

當然，要是餅和酒眞實地變成耶穌的身體和寶血，那隨之而來的問題是：它們是在甚麼時候變化的？又這個變化是如何促成的？於此天主教和東正教的看法便有若干的分歧。在變化的時間此問題上，他們大抵都同意該是在耶穌基督為餅和酒說了謝恩的話（這原是猶太人的進食傳統，無任何特別處）之後；換言之，他們視耶穌的感謝說話為一個祝聖(consecration)的儀節，旨在使被祝聖的對象產生性質上的變化。日後天主教和東正教在舉行聖餐禮時，便亦視主持禮儀的司祭（神父）乃站在當日耶穌所在的位置，藉禱告來把餅和酒祝聖，使之質變，成爲基督的身體與寶血。至於如何變化的問題，天主教大抵相信耶穌基督的話：「這是我的身體……這是我的血」本身具有權威與力量，在司祭重複這兩句話時，餅與酒便相應起了內在的變化；而東正教則較傾向主張變化是由外力進行的，就是主持禮儀的人在禱告後，聖靈便會降下來，親自施展大能來變化餅與酒的性質。

要是他們相信變質說，那已祝聖後的餅和酒，便不復再是餅和酒了，它們只是在外觀上仍保持餅和酒的模樣，骨子裏已有激烈的變化。所以，天主教稱已祝聖了的餅爲「聖體」，並有敬禮聖體的傳統，即向貯存聖體的櫃子下跪，以示敬意。

更正教

更正教大抵上都不同意天主教與東正教以上對聖餐禮過分神祕主義式的理解，他們認爲即使是在祝禱以後，餅與酒仍不過是餅與酒，並無性質上的變化。不過，馬丁・路德與聖公會採取較中庸的看法，認爲雖然餅與酒並無徹底變成耶穌的身體與寶血，即後者並無取代了前者，但是耶穌的身體與寶血卻已存在於餅與酒之內。這說法稱爲實際臨在論(real presence)。由於他們認爲祝聖後的餅與酒同時兼爲餅與酒及耶穌的身體與寶血，故又稱爲同質說(consubstantiation)。

至於較多的更正教徒（特別是自由傳統的），則堅持象徵不過是象徵，象徵不應與實體有所混淆。我們在聖餐禮中所領的餅與酒（或以葡萄汁代之），並沒有因主禮人的禱告而產生性質上的變化，仍僅是普通的餅與杯罷了。耶穌在當日的飯桌上沒曾施行神蹟，今天我們在聖餐桌上也沒有施行神蹟。

■

對聖餐禮的理解

對聖餐（象徵抑實體）的理解，自然亦決定了不同傳統的教會對聖餐禮的理解了。

獻祭

那些認為餅與酒在祝聖後已更新變化為耶穌的身體與寶血的人，便相信整個祝聖與領受的禮儀為一個神蹟、一項聖事。它不單純是人的儀式、人的作為；也是上帝的作為、特別是耶穌基督的作為。耶穌基督在聖餐禮中做了甚麼呢？祂在將祂的身體擘開、將祂的寶血流出，為我們的罪向上帝獻上挽回祭。如此，整個聖餐禮就是基督的獻祭，也是一場祭禮(sacrifice)；每次他們舉行聖餐儀式，就是在重演耶穌基督獻祭的過程。

作為更正教徒的我們，拒絕視聖餐禮為一個基督的獻祭。我們認定，耶穌基督昔日在十字架上，已一次過為人類的罪獻上「永遠有效的贖罪祭」（來十12），故此教會既毋須、又不應牴觸聖經的明白禁令（來九25～27），像猶太教及其他宗教一樣，定期舉行或重演獻祭。基督徒無疑該將生命當作活祭獻給上帝，也該以感恩及讚美爲祭獻上，但公共崇拜卻絕不是嚴格意義的祭禮，聖餐禮也不是任何形式的獻祭。

記念儀式

由於我們只將餅和杯看成是象徵，故只强調聖餐禮的記念性的意義，就如耶穌的吩咐：「你們應當這樣行，爲的是記念我。」又像保羅說的：「你們每逢吃這餅，喝這杯，就是宣揚主的死，直等到祂來。」（林前十一26）我們視聖餐禮爲一個特別的場合，藉著擘餅和分杯的儀式，來專注默念耶穌基督爲我們流血捨身。耶穌的犧牲並非在最後晚餐的桌上，乃是在十字架；祂在昔日的擘餅分杯只是用來做爲一個象徵，讓我們聯想到那個發生在十字架的偉大的事件。因此，今天我們的擘餅分杯，不是要在儀式中重演耶穌的流血捨身，而是藉著一連串具視象效果的行動，讓我們更深刻的體會耶穌的捨身大愛。

相交團契

雖然聖餐禮中的擘餅分杯具有特殊的視象效果，使得參與者更容易從符號跳越至背後的實體去；但畢竟記念主這個行動毋須局限在聖餐禮之內，我們在平常日子，或者在沒有聖餐舉行的主日崇拜裏，豈非也常常以耶穌基督爲念嗎？教堂裏高懸的十字架，豈不亦是象徵耶穌捨身流血的符號嗎？如此，單純以記念主這個層面的屬靈含義來理解聖餐禮，一方面未免略嫌單薄，另方面亦不容易彰顯其獨特處。於是乎，有教會乃將聖餐禮由記念主這個人與上帝的垂直向度擴闊至兼容人與人的水平向度，即視此為基督徒彼此建立深度的關係的場合。他們重提早期教會一般將聖餐禮置放在基督徒同枱吃飯（稱為「愛筵」）的古老傳統，指出聖餐禮除了是用來記念主外，也是為了表達信徒間互相分享、深交密契的關係的一個形式，藉著我們共吃一餅、共飲一杯，我們共證同屬一個身體，彼此血肉相連。

沒有教會會貶低記念主這個人與上帝的垂直向度，或以人與人的相交團契此水平向度來完全取代前者的；但是，自由傳統的教會，往往較注重禮儀的教會更強調人與人的水平向度。有些教會為了要減低聖餐禮的神祕性質，乾脆將之易名為「擘餅聚會」，並且採取排他主義(exclusivist)的做法，將參與擘餅的人局限在該堂會或宗派的會友之內。他們認為既然擘餅代表著肢體間的團契分享，就應該只在同一個上帝的家庭內的成員間舉行；跟一些素不相識的基督徒並肩平排地坐在教堂內，面向聖壇，各領聖餐，並不能達到團契相交的效果。這些基督徒（主要是弟兄會背景的）不一定反對跟別的宗派的弟兄姊妹來往，只是他們覺得擘餅聚會作為深度相交的場合，應該對參與者有較嚴謹的限制而已。

從聖餐禮成為一個重演的獻祭，到視其為一個基督徒彼此關係建立的擘餅聚會，明顯地存在著好幾種分歧性的看法。

以上的介紹不是要把你混亂了，而是希望讓你對聖餐禮有一個整體性的了解，好更容易識別出自己的位置。至於甚麼是你該持守的看法，我想遵從你如今所在的教會的傳統，還是最合宜的做法。

聖餐的屬靈意義

我屬於自由的教會傳統，自然不將聖餐禮看成是一個基督的獻祭。聖餐禮純粹是人的活動、人的儀式，絕非人神協作的禮儀，更不是一個奧蹟。我們在參與此禮儀時，一方面虔記主恩，另方面肢體相交，端在實現人間的期望。

由於餅和杯不過是普通的餅和葡萄汁，並未因其被祝謝了便產生性質變化，成爲聖物，它們未曾眞箇盛載了上帝的恩典，使我們藉進食的行動有形體地獲得屬靈的福氣；故此我們在領聖餐時，只是參加一個教會的禮儀，藉著編定的程序與使用的符號，在思想與感受的層次，希冀達到屬靈的效果。如同前面在討論聖禮時所言，符號本身只是媒介或手段，其所指涉的屬靈意義才是要緊的。惟有我們首先明白聖餐禮的含義，才在主觀上獲得屬靈的好處。

領受主義

有人主張，儘管餅與杯沒有事實上變成耶穌基督的身體和寶血，但只要領受者在觀念上認定他在領受耶穌的身體和寶血，而非普通的餅和杯，那在主觀層面，他的領受行動便會帶來與領受眞正的身體和寶血相同的效果。所以，符號客觀地是否變爲實體是不重要的，只要主觀地相信其已轉變了，便在其領受符號中獲益。這個說法，稱之爲領受主義(receptionism)。

這個說法在現實生活中未始不是正確的描述。許多人執著一個虛擬的信念，遵奉不渝，並且不自覺地用循環論證等方法來證明他的信念是堅實可靠、不能搖撼的，結果在若干程度上也達到此信念所預期的目的或效果。但是，它豈非僅是我們在日常生活中常說「信則有、不信則無」此套話的另一個版本的說法？要是我們妄顧客觀事實，不斷强調主觀信念的價值和作用，則基督信仰便與一切民間迷信或心理偏執的精神病症全無分別了。關鍵的問題是：餅與杯有沒有事實上變成耶穌的身體或寶血？若是沒有，則任憑我們再强調這個信仰宣稱的效用，亦只會貽笑大方，使旁觀者瞧不起我們這輩提倡蒙昧主義的基督徒。

戲劇性的禮儀

平情而論，聖餐禮就算僅是一個人間的禮儀、符號不過仍是符號，其本身亦具備著强烈至震撼性的戲劇效果，使參與禮儀的人更具體與深刻地體悟符號所象徵的屬靈意義的。試想耶穌竟然在飯枱上拿起普通的餅和酒，便說它們象徵著祂的身體和寶血，並且吩咐門徒進食那象徵其身體與寶血的符號！這樣子的象徵意義實在匪夷所思，無怪乎早期教會的信徒因奉行聖餐禮，而被不明所以的教外人懷疑他們是食人肉者了，因爲他們竟然口口聲聲說要進食他們信仰對象的身體。

聖經曾記載，當耶穌在傳道時大聲疾呼地指出「你們若不吃人子的肉、不喝人子的血，就沒有生命在你們裏面。吃我肉、喝我血的，就有永生」（約六58～59）時，那些猶太人聽衆會瞠目結舌，彼此起爭論：「這個人怎能把他的肉給我們吃呢？」

即使我們知道自己並非在吃人肉喝人血，仍得感受到這樣子的象徵符號的詭異性，超乎人情常理。

不過，正是這個震撼人心、戲劇性的行動，向我們豁露了兩個同樣是匪夷所思的眞理，此亦是聖餐禮所揭示的兩個主要的屬靈含義。

基督爲我們捨命

其一、耶穌基督爲我們破碎身體、流出己血，捨命十架，爲的是拯救我們。無始無終、永恆不朽的上帝竟然死在十字架上，這實在已夠荒謬了；而在十字架上死亡的上帝，竟然宣稱祂是爲我們而如此做。哦尊貴的上帝捨命乃爲拯救卑賤的受造物，就好像人爲救拔一隻遇溺的螻蟻而把自己淹死一樣，豈非荒謬詭異至教人作嘔嗎？要是我們爲吃人肉、喝人血這個象徵符號感到悚然，便更應爲此符號所指涉的事實而驚怵。荒謬的符號要揭示更荒謬的事實：上帝爲我們被釘死在十字架上。

惟有我們在震驚之餘，體悟到「爲我」(*pro mē*)這個字句的厚重分量，知道上帝實實在在爲我們捨身了，我們的感激之情就蓋過了怵異與不信，激動地俯伏下拜，喚叫「我的主、我的上帝」了。我們竟然蒙恩至此！

基督與我們合一

其二、耶穌基督不單是一次過拯救我們脫離罪境，祂更要住到我們裏面，與我們的生命合一。耶穌說：「吃我肉喝我血的人，就住在我裏面，我也住在他裏面。」（約六56）進食那象徵著耶穌基督的身體與寶血的餅和杯，代表我們確認並覺知耶穌已進入我們的生命裏，與我們緊密契合的事實。

耶穌不單是一次過的拯救我們，不單是爲我們指引一條通往父那裏的通路，不單是呼喚我們歸向祂；祂更願意俯就卑微，住在我們中間，成爲我們的一部分。道成肉身不僅是二千年前在人類歷史發生過的事實，就是在今天每個基督徒生命中，仍可切實地體驗約翰福音一章14節所說的眞理。

我們與耶穌基督間存在著一個雙向的關係：祂先來到人間與人認同，然後呼召人往祂那裏去；祂先要求我們藉水禮這個行動來表明我們立志歸與祂，再藉聖餐禮來象徵祂要進入我們的生命。我們住在基督裏面，基督也住在我們裏面；我中有祂，祂中有我，這是一個難以言喻、神祕的密契關係。

榮耀偉大的主竟然住進我們的生命裏，豈非亦教人難以置信、難以明瞭？每次在恭領聖餐時，我們都重溫著這個匪夷所思的眞理。在感激之餘，不禁重複百夫長的話：「祢到舍下來，我實在不敢當。」（路七6）

丁 我們的生活：《主禱文》

丁 我們的生活：《主禱文》

第13章

生活就是一篇禱文

水禮是信仰的一個路標，但既不是信仰的開始，亦非其完成。

信仰實踐在生活中

信仰不僅是對某一套教義與禮儀傳統的首肯，也是對上帝的呼喚及其指引的道路的投入，故此關涉我們的現在及將來，也關涉我們的知情意、思言行各部分。信仰是一個全人的要求，你不能只做一半的基督徒，不能半心半意，不能只將信仰的有效範圍局限在思想層次，而完全不讓它影響個人的行爲。要嘛我們是徹頭徹尾的基督徒，表裏一致、十足眞金；要嘛我們便尚未成爲基督徒（或是僞基督徒）。而後者不管是對個人抑或對教會言，均屬有損無益的。耶穌說：

「手扶著犂向後看的，不適合進上帝的國。」（路九62）

由於信仰是全人的要求，關涉個人的每個層面，因此便亦關涉生活的每個層面。甚至可以籠統但準確地說：信仰就是生活、生活就是信抑。我們需要在生活中活出我們所信的；也惟有我們活出了所信的，我們的信仰才是眞實無訛、如假包換的。

許多基督徒錯誤地認爲，接受基督信仰即等於在他們旣有的知識之上加添一堆新的知識，及在旣有的生活秩序之上外加一些活動或行爲。這些知識便是所謂宗教知識，而這些活動或行爲亦即宗教活動或行爲。譬如說，他們必須每天抽出半小時來讀經祈禱，每星期撥出一天半天的時間來參與教會的活動或事奉；他們以爲只要能踐行以上的宗教本分，便已完成了責任，也堪稱爲好基督徒了。

但是，上帝對我們的要求可遠遠超逾這個。祂並沒有吩咐我們把日常生活的部分時間分別爲聖，放下世務來專注某些屬靈作業，卻要求我們將整個生命乃至生活的所有部分都分別爲聖，成爲聖潔、合乎主用。祂並沒有指示我們獻上甚麼那怕是再具價値的祭物，卻要求我們「把身體獻上，作聖潔而蒙上帝悅納的活祭」。要是做基督徒僅需在生活上遵守若干的宗教規條、滿足若干宗教義務，則與耶穌同時期的法利賽人自然是再稱職不過，而那位來向耶穌問道的官長，亦毋須憂憂愁愁地離開了（參路十八18～23）。

基督徒沒有這個那個的宗教責任，他只有一個信仰的義務，便是整個兒的將自己獻給上帝，然後使生命在聖靈的帶領下更新變化，使生活在基督的教導下重新布局；他要在生命裏彰顯信仰，在生活中踐行信仰。他的生活，尤其是佔去最多時間的學習、工作、家居部分，而非區分出來的宗教活動部分，是其兌現信仰的惟一場景。他必須在日常生活裏彰顯及踐行信仰，否則信仰就全無用武之地，僅是觀念上虛擬出來的空中樓閣。

保羅的豪語：我活著就是基督。

稱義與成聖

怎樣活出信仰？如何使生活與信仰結合起來？

從最理想的角度說，我們若經被基督呼召、被聖靈更新，就業已是一個脫胎換骨的基督徒。我們是基督徒，毋須再學做基督徒；如今已不是我在活著，乃是基督在我裏面活著，故我亦毋庸去尋找及聽從基督，我的一舉手、一投足，所言所行，都是基督親自帥領作成的。如此，我們根本用不著再探問如何彰顯及踐行信仰的問題了，反正我們順著心中居住著的基督去作便是，何須假外求去遵照任何外在規範呢？

此說法即類似中國傳統儒家「心學」學派。他們主張心即理，一切眞理皆已內蘊心中，只要正心誠意，率性而行，便是天道；毋須再格物致知，外求天道。

但是，聖經卻沒有如此應許我們，說成爲基督徒即等於成爲基督，再毋須向外學效基督了。與儒家思想不同的是，我們並不認爲人本然存在著一個「基督性」，只要修己復性，便自然地活出個基督來。恰好相反的是，經被罪扭曲污染了的人性是與基督相衝突、甚至無法並存的。基督徒不能在決志信主後仍保存自我，僅僅在已有的東西之上外添信仰；卻必須要先治死「舊我」，除去昔日的思想、心態、價值和行為，才能使基督在生命裏的寶座立定，尊主為大。故此，窮基督徒一生，便要經歷著舊我漫長的捨棄與得著的過程：捨棄「舊我」，得著新的生命。

無疑藉著耶穌基督在十字架上施行的拯救，我們已在身分地位上被稱為義人，上帝不復計算我們昔日的過犯、不再追討我們的罪孽；但是，我們在事實上卻不是義人，仍是不折不扣的罪人。基督的拯救只使我們由罪人一舉變為蒙恩的罪人，而沒有教我們便宜地超凡入聖了。基督徒在信主以後的首要任務，是靠著聖靈的幫助，使他實際的行事為人與所蒙的恩典相稱，由被稱為義到努力成聖；希望有一天，他能從「稱義」過渡至「成義」。（不過，這僅是一個理想和目標，而非任何人事實上能臻達的。基督徒一生朝著這個目標進發，永不氣餒、永不言休，但在任何一刻都自覺並未已經得著或完全了。路正遙，再上路。）

無論如何，我們在理性上知道，自信主後活著的不再是我們，舊我種種皆成過去，如今乃是基督在我們裏面活著，我們是新造的人；但在實際生活上卻體悟到，要眞正做到只讓基督在自己的生命裏活著，還是需要經過一個漫長而艱巨的過程，不斷攻克己身，叫身服我。我們努力使基督在十字架上已成就的事實，兌現在自己的生活上，這包括治死生命中舊我殘存的影響力，並遵從基督的教訓與聖靈的引導，培植那業已孕育的新的屬靈生命。此亦即是保羅兩方面的勸誡：「屬基督耶穌的人，是已經把肉體和邪情私欲都釘在十字架上了。如果我們靠聖靈活著，就應該順著聖靈行事。」（加五24～25）

也許最理想的基督徒境界是一言一行，無非基督；但對絕大多數的基督徒而言，這只是可望而不可即的地步。我們如今確認的，是成聖需用功夫，下定決心，一點一劃地將信仰活現出來，使信仰的理想與生活的現實兩者的距離盡量縮短，最終達至連合。

基督徒在稱義後，努力追求成聖。他知道得蒙稱義是教其成聖成爲可能的先決條件；但同時又確認終其一生若有幸在上帝眼中被視爲聖潔，那還是因爲在基督裏之被認爲義。簡言之，稱義是信仰的開始和完成，而成聖則是其間的歷程。

本質與表現

作爲一個初信者，也許不宜一下子讓你消化有關信心與行爲、上帝的恩典與人的作爲、稱義與成聖等關係的神學課題，它們都太迂迴曲折了。如今你得先知道的，是如何在生活上實踐信仰的基本要求，做個合乎公認標準（聖經說的「聖徒體統」）的基督徒。

必須牢記的是：基督徒的眞實底蘊是基督的拯救與生命的轉變，外在的宗教要求與行爲表現是次要的、引伸性（亦即第一義）的。故此我絕無意說只要達到某些外在的要求，行爲符合某個公認標準，便毫無疑問是基督徒了；畢竟人給的分數如何並不重要，上帝眼裏的合格與否才是生死攸關的。而且，事實上是因著上帝的工作而非人的工作，才使我們得以成爲基督徒；故若用人的工作表現來鑑別上帝是否曾在他的生命中作工，必然地有相當的危險或武斷成分。

但是，由於耶穌曾說過，好樹結好果子，壞樹結壞果子，「憑著果子便能認出樹來」（太十二33）；故人的行爲表現，總是判別其生命實況的一個線索。我們不能倒果爲因地用行爲表現來爲其信仰生命作通盤論定，更不應本末倒置地追求行爲表現上的合模（滿足某個公認標準）而輕忽心意的更新變化，否則就是扮演基督徒而非成爲基督徒了；惟是我們仍得在專一尋求屬靈生命成長的同時，竭力使自己的外在行爲與內在的認信相吻合。此兩者是相輔相成的，絕不會因爲我們「治死……在地上的肢體」，便顯得我們分了神，不夠專注去確認「已經脫去了舊人和舊人的行爲，穿上了新人」的事實（參西三5～10）。

生活便是祈禱

爲了使你能較簡明清晰地掌握信仰的基本要求，我必須將之分點臚列；但爲著不使這樣分點臚列變得有律法主義的感覺，教人以爲信仰要求是一大堆做與不做 (Dos and Don'ts)，我試圖用主耶穌教導我們的禱文來將之概括起來。

這不是一個完全任意的套格。信仰的基本要求與人向上帝的禱告，在精神上是大同小異的，兩者存在著許多相通的地方。

對上帝作爲的呼籲

第一、我們都是首先呼籲上帝有所作爲。祈禱就其動作的外觀言，是人的作為、人在說話；但就其本質與效果言，祈禱卻算不上是人的甚麼作為，因為孤立地看，它既無作用，亦無意義。

其一，祈禱不是人在自說自話、自我催眠：不是人祈禱了，便除卻內心的焦慮與恐懼，或便釋放出體內原來潛藏的無窮能量。即使祈禱有這麼的心理作用，我們也不會視之為祈禱該有的效力；因為基督徒的祈禱絕非是人在獨白，乃是與上帝交談，並且一切繼來的「效力」，皆由上帝所賜，而非人的自給。

其二，祈禱不是咒語，沒有駕馭上帝或任何屬靈力量的效用：故不是人先祈禱了，上帝才知道人的需要，或上帝才不得不有所回應；若上帝應允禱告，那是與人祈禱本身的作用無關，完全是由於祂願意垂聽而已；故這是上帝的恩典，而非人的能力。

總括而言，祈禱不僅是人的作為，離開了上帝的參與和作為，祈禱便全無作用或意義。

人之踐行信仰的基本責任豈非也是這樣？我們努力了、作為了，但卻知道純粹靠自己的作為並無效用，故期待上帝予以成全。基督徒深切認識，信仰並未使人變得更有自信和能力，好去踐仁盡義，成就一己德行；信仰甚至並不旨在勸人為善，希賢希聖，立德立功立言。信仰乃是揭露人的真相：單靠人的立志與奮鬥，根本無法克勝罪的羈纏，無法完全按照其良知與理性指示的路向而行，遑論符合上帝的心意了。以上人的限制的事實，並不會因著皈依而有所改變。故此，一個愈屬靈的基督徒，是一個愈不相信自己、不依靠自己、不憑恃己力去修身齊家治國平天下的人；他知道自己不可須臾離開基督，不可離開那從上而來的指引與能力，更不可缺乏上帝的接納與赦免。一切信仰要求，皆非純粹催使人有作爲，而是勸導人在勉力作爲中，更盼望與倚靠上帝的作爲。

我告訴你：不單是下面要討論的信仰基本責任如此，所有的信仰表達，也莫不如此；人都是在作爲中希冀上帝有所作爲，並在上帝親自作爲後才使人的作爲變得有效用和意義。故此，從這個角度看，信仰生活就等於是一個禱告，我們邀請上帝在自己的生活中有所作爲。

使自己的作爲配合上帝的作爲

第二、我們都是將自己全然交付在所期盼的上帝作爲裏。祈禱就其本身言，算不上是人的甚麼作爲，而是邀請上帝有所作爲。但在人向上帝發出邀請以後，人卻得將自己薦付在他的願望之上，立志使自己成爲上帝作爲的一個出口和工具，好使他有幸成爲上帝遂其願的過程中的參與者。人必須全然認同其禱告，不單是在言語上，也是在繼來的行爲和生活上，他不能在祈禱中說期望上帝做甚麼，自己卻在生活中做截然不同的另一套。譬如說，我們若是祈禱說「但願公正好像潮水滾流，公義好像河水長流」（摩五24），我們就不能不勉力秉公義行事，並立志成爲上帝公義的使者；我們若是祈禱說「願祢的旨意成就在地上，如同在天上一樣」，我們就必須恭謹地踐行上帝的旨意，好叫上帝的旨意首先成就在我們的生命中。所以，祈禱若是邀請上帝有所作爲，亦同樣是人的自我立志與許願，使自己的生活完全押注在禱告的內容中。

人之踐行信仰的基本要求，也是順著如此的軌迹。突顯上帝的作爲是人之能成聖的關鍵因素，並不會因此減消人在成聖要求中的角色與責任。人不錯無法憑己力踐仁盡義，但卻必須在聖靈的幫助下，朝仁義的方向努力。他不是構成成仁就義的充分條件，但卻是其中一個必要條件。成聖生活是上帝的恩典，惟此恩典要求人的作爲有所配合。人不能繞著手，甚麼都不做，然後期待聖潔可以陡地像神靈附體般灌注下來。就如保羅在談到傳福音這個信仰的基本責任之一時，既指出惟有上帝才能眞正教人皈依與得救，但人的參與（栽種、澆灌）卻仍是不可或缺的。不是說上帝若無我們的幫助，祂便無法成就其旨意，而是祂不願意在我們袖手旁觀的情況下，圓現我們的期望。

所以，信仰生活是一個禱告，我們邀請上帝在自己的生活中有所作爲，然後便全人投入到自己的禱告去，朝禱告的內容奮鬥，希冀上帝在成就祂的工程時，預留我們的位置。不是人先工作，而是邀請上帝工作；但在發出邀請以後，人亦開始工作，期望可以配合上帝的工作；而最終不管人做了何種工作，仍得承認一切無非是上帝的工作、上帝的恩典。

你們要這樣祈禱

若果信仰便是生活，信仰要求亦仿似一個禱告，則我深信，沒有任何人的禱文可以比擬耶穌基督親自教導我們的祈禱。

耶穌在講述登山寶訓時，談到有關禱告的問題。祂首先批評某些不當的祈禱的態度與做法，接著提示門徒正確的表現與禱文內容，最後才以《主禱文》作示範。這是一篇由上帝自己告訴我們、如何以人的地位，作最合乎上帝心意的祈禱。

耶穌說：

所以你們要這樣祈禱：
「我們在天上的父，
願祢的名被尊爲聖；
願祢的國降臨；
願祢的旨意成就在地上，
如同在天上一樣。
我們每天所需的食物，
求祢今天賜給我們；
赦免我們的罪，
好像我們饒恕了得罪我們的人；
不要讓我們陷入試探，
救我們脫離那惡者。」（太六9～13）

三世紀一位教父特土良(Tertullian)曾提過，《主禱文》是整個福音的撮要，因爲它包含了上帝的救贖計劃與人的生活期望。但我相信，《主禱文》也是一個基督徒的生活指南，藉著這個禱文，我們將信仰在生活中的要求化成禱告，呈獻給上帝，期望祂用其大能將之促成；與此同時，我們亦將自己的未來路向、奮鬥目標，以至全人的知情意、思言行投注其中，我們的禱告也便是我們的生活模式。

第14章

與父溝通、與主偕行

我們在天上的父……

■

我們既稱上帝為父

我們因著基督的緣故，得以攀附至上帝的嗣子的地位，稱上帝為我們的天父。

獲得生命意義

對我們而言，能夠稱上帝為父，是莫大的升格。上帝使我們與宇宙萬物區別出來，獲得生命的價值及生存的意義。我們不復如同其他動物一樣，孤絕的在地上討活，不知為何而生，不知為何而死，僅僅活在冷酷無情的自然規律之下。

在我們呼叫上帝爲父親時，我們即把自己繫於那賦予生命又爲生命賦予目的的上帝之上；從此是上帝的旨意，而非自然規律，成爲生命中所有實然的東西的解釋。更且祂也爲我們增添一個應然的層次，教我們在吃喝拉睡之餘，可以有更高遠的目標與盼望。稱上帝爲父，代表著人已歸入那眞正的人的原型的耶穌基督，從而恢復眞正的人性。人得有尊嚴有意義的生活，擺脫營役蒙昧的次人(sub-human)狀態；人亦拆毀過去爲自己樹立的種種超人(super-human)偶像，做回一個腳踏實地的人。

活在上帝的愛中

稱上帝爲父，顯示出上帝已經與我們建立起超乎主人與僕人的親密關係，這關係不再是主宰與被轄制、權利與義務，卻是以愛爲其內涵。正如保羅充滿自信的宣稱：

> 我深信，無端是死、是生，是天使、是掌權的，是現在的事，是將來的事，是有能力的，是高天的、是深淵的，或是任何別的被造之物，都不能叫我們與上帝的愛隔絕，這愛是在我們的主耶穌基督裏的。（羅八38～39）

他的自信，乃建造在與基督同作上帝的後嗣此事實上（羅八15～17）。我們的感受豈非也一樣？上帝若是我們的天父，祂比萬有都大，那還有誰可以將我們從祂手中奪去？還有誰有權在未得祂的同意之前下手加害我們？還有甚麼命運劫數是我們無法逃遁的？上帝與我們的關係是愛的關係，祂願意無條件地愛我們，並將一切好處賜給屬祂的兒女；那麼，就連我們自己現在或將來的表現（會否行差踏錯、干犯主命），亦不構成上帝的愛與我們隔絕的障礙了！從此我們不再活在惶恐中，愛裏沒有懼怕，我們只活在上帝的愛中。

隨時坦誠地祈禱

稱上帝為父，意味著我們敢於隨時隨地來到上帝面前，自由地向祂傾訴心中的說話。上帝已不再與我們為敵，我們與祂之間再不存在著冤仇。正如地上的父母樂意聆聽兒女們的分訴，父上帝也照樣、且更加願意張開雙手，擁抱我們入懷，容讓我們毫無顧忌地訴說心中的憂慮與期望、喜悅與哀傷。我們不用擔心是否該實話實說，也不用盤算所用的詞彙與陳述方式；反正全知的上帝在我們還未開口以前便已知悉一切，祂亦預先在耶穌基督裏向我們應允說：「我願意。」故此，我們只管坦然無懼地來到祂的施恩寶座前，領受祂的憐憫與恩惠。祂既是我們的天父，豈不會將最好的東西賜給我們？

立志酷肖上帝

稱上帝為父，也反映出我們心底裏的立志：我們既期望與上帝緊密溝通，建立關係；又願意活在祂的旨意裏，做個酷肖基督的子女。一個敬愛父親的兒子，不會輕易損毀自己的身體與靈性，免招父親擔憂與難過；一個尊重父親地位的兒子，不敢胡作非為，他既不欲違背父親的訓示，又懼怕因其作惡而玷辱了父親的名聲。一個珍惜與父親關係的兒子，不會做出任何使父親哀傷失望的事，以免破壞他與父親的和諧關係。簡言之，我們在稱上帝爲父之時，已立志與父溝通、與主偕行了。

祈禱是一個權利

因著我們稱上帝爲父，與上帝建立父子關係，我們得以自由地向祂禱告。

嚴格地說，祈禱絕不是人的責任或工作，更不是一項有功德有獎賞的宗教作業，祈禱甚至算不上是信仰的基本要求。（但從另一個角度看，祈禱也是一個信仰及倫理要求。我們在後面第十八章會提到。）因爲與上帝說話，本來就該是每一個跟祂建立了關係的人自然而然地作的事；也惟有是我們與祂建立關係了，才得以享用向祂祈禱的權利。所以對基督徒來說，祈禱是信仰的自然表達，亦是一樁特權。

瞧，我在開口向上帝祈禱。我告訴祂我心中的憂慮：害怕學業失敗、事業受挫、愛情觸礁、健康不振、困難不克……大的、小的，重要的、卑微的，光彩的、偏狹的；這些纏繞著我的東西，統統都向祂縷述分明。上帝是如此有耐性的聆聽者，祂願意接納我的結結巴巴，辭不達意；祂甘心忍耐我的嘮嘮叨叨、喋喋不休，說過沒完沒了。在祂面前，我毋須扮作强者，亦不復是個英雄，不管其他人如何尊重我的社會身分和地位，在上帝跟前我永遠僅是個無助的孩子；故此我敢將我的怯懦、小信、懷疑、恐懼、無主見、沒方向，全然向祂豁露；在祂的愛與接納裏我樂意去掉一切角色扮演，回復眞我，拆毀所有的戒心與防衞，自行打回原形。因為祂是我的天父，我在向祂祈禱。

我在開口向上帝祈禱。我向祂表白我心中的盼望：期望升職加薪、成績出衆、得到心儀已久的異性為伴侶，以及各樣大大小小、長期短期的盼望。我沒有評估過這些盼望是神聖的抑或世俗的、偉大的抑或凡俗的、狂妄的抑或謙卑的、逾分的抑或合理的；因為它們都是我眞實的想法、朝思夕想的對象，而我只不過是跟我最親愛的父親透露個人的想法而已。我沒有為自己的盼望感到自豪或羞愧，因為我的位分是在上帝跟前坦白一切；至於這些是否妄求，會否蒙應允，便留待上帝自行判定吧。我會在禱告中學習明瞭上帝的旨意，也學習順服於祂的功課；但卻不會在開口祈禱之先，便假裝已了解上帝的心意，已知道甚麼是按祂的心意而作的禱告，更不會裝扮為神聖與正義的人，只作神聖與正義的祈禱。因為祂是我的天父，我在向祂祈禱。

要是我們知道祈禱是一個信仰的自然表達，亦是基督徒的特權，便不會詢問為何需要祈禱，及該如何祈禱了。我們祈禱，因為我們喜歡與父上帝說話，也需要與祂說話。與父上帝說話是沒有任何技巧與方法的，亦根本用不著考慮技巧與方法，反正自然、適意、坦誠、眞摯，便是再好不過的態度。祈禱不純粹是人的作為，更不是人藉此修煉靈性、積聚功德的手段，故甚麼言說技巧、默想層次、溝通深度，皆是多餘的考慮，上帝若願意垂聽人的祈禱，便連小孩子率性的童話亦蒙悅納（甚至更受讚賞呢！）；上帝要是掩耳不聽，則任憑我們的電波再强，也無法輸送到祂的座前。所以，我們只當培養一個願意祈禱的心，毋須理會任何祈禱的技巧與步驟。如今你已可以開口向上帝祈禱了！

■

建立穩定的祈禱生活

基督徒必須建立一個穩定的祈禱生活，就是要使祈禱成為他生活中不可分割的部分。聖經的勸勉是：我們不單在一天的一時一刻祈禱，而是要不住祈禱，使祈禱滲透入起居作息的每個角落。

察知上帝

祈禱提醒我們上帝的同在，不住祈禱則時刻提醒我們上帝的恆常同在。理性上我們知道上帝無所不在、無所不知，但在感受上我們並不常有如此的覺察，特別當我們被眼前可見可觸的工作或享樂絡栓著時，我們會忘掉上帝在鑑察一切，忽略了祂的同在。因此，藉著不住祈禱，我們不斷喚醒自己：上帝仍在，上帝垂視著我們。我的一個學習多年的功課，是在工作與生活中稍停片刻，向上帝說一兩句話，可以簡短至只是「上帝，祢在」幾個字，藉此察覺上帝同在的事實。

敬畏上帝

不住祈禱亦提醒我們，務必過一個當上帝存在的生活。（知道祂存在是一回事，在意志上當祂存在是另一回事。）要是我們忘記了上帝存在，或以為這一刻並不在其審視之下，我們便可任意妄為，喜歡說甚麼便說甚麼、喜歡做甚麼便做甚麼，肆無忌憚，與不信的人沒有分別了。惟有我們認定沒有一刻偏離上帝的視界，便得忠誠且恭謹地生活，盡好每一個本分，善待每一個接觸到的人；知道我們這樣做，天上的父必暗中察看，且回報我們。

如此，不住祈禱也就是一個不住向上帝傾吐我們的心意、也不住尋索上帝的心意的行動。我們在祈禱中將原屬自己的事情變作上帝與我們共同的事情，我們邀請上帝介入、過問、參與及幫助，承認祂既是我們的主，便當有權干涉我們的生活；祂既是我們的父親，便亦有義務為我們分憂、解決我們的困難。故此，祈禱是一個雙向的行動，我們向上帝表白自己的心意，期望祂按我們的心意為我們玉成；但我們也在祈禱中宣認上帝擁有最終的決定權，是由祂的旨意而非我們的旨意，來決定事情是否如所願的成就。

向上仰望

一個有穩定的祈禱生活的人，便是一個向上仰望，憑信心而活的人。耶穌曾在論述到人的信心時，說過一句頗教人震驚的話：「對於信的人，甚麼都能！」（可九23）祂也曾在比喻中說，一個有信心的人，甚至可以吩咐一棵樹連根拔起，栽到水裏去。不過，這些話可並非如同許多人的錯誤理解般，旨在歌頌人的信心的能力。耶穌不是說，只要我們擁有一個信念、持之不移，認定其必然成就，則上帝便當為我們遂願，又或者我們的信念便會產生力量（念力？）來促成此事發生。不！耶穌並非呼籲我們對自己的信心（信念）有信心，乃是提醒我們必須對上帝有信心，認定祂既是無所不能的上帝，只要祂願意，便任何再難以置信的事情都能成就。是上帝甚麼都能，而非人的信心無所不能。一個相信上帝的人，便看出在上帝眼中，任何事都存在著可能性；而這樣子的人，亦會過著一個視主若願意便甚麼都能的生活。

在祈禱中，我們不會質疑上帝成就萬事的能力，而只爲上帝是否按我們所想的來想而求問。「若祢願意……」「但不要照我的意思，只要照祢的旨意。」我們求問上帝的旨意，也順服一切從其旨意而來的引領與安排。我們的眼目不會全然受困於面前各樣的難處，情緒也不會全然被得失成敗所牽動；因爲我們知道，眼前所見的一切都並非事情發展的充分宰制因素，關鍵的因素仍是上帝的旨意；如此，我們便轉眼仰望上帝，佇候祂爲未來的故事拍板定案。祈禱轉移我們的視線，改變我們的心思。

讓我們由衷地喚叫：「我們在天上的父……」

第15章

傳揚福音、見證基督

願祢的名被尊爲聖。

■

我們的期盼

《主禱文》就結構言，可以分爲兩部分，前半部是三個對上帝的期許與頌揚，是用「祢」來組句的；後半部則是三個人的生活上的期望與懇求，是用「我們」來組句的。

前半部的三句話：「願祢的名被尊爲聖；願祢的國降臨；願祢的旨意成就在地上，如同在天上一樣」，其實是一個完整的單元，而最關鍵的內容是第二句的「願祢的國降臨」，第一句與第三句均須在扣住此鑰句後，才得以正確被理解。

不過，此刻對我們而言，嚴謹且仔細地研讀《主禱文》的文學結構與神學內容，尚不是恰當的時候；我們只是就著《主禱文》所涉及的各個範圍，來論述信仰對我們的基本要求包括哪幾方面而已。

第一個對上帝的期許：「願祢的名被尊爲聖」，就內容言，僅是簡單的對上帝的歌頌與祝願：我們期望上帝的名被高舉、讚美、推崇、尊爲至大。這是我們在朝見一位地位尊崇的人時自然會說的開場白，也是合該有的禮節。中國古代的大臣，在面覲王帝時，豈不也開口便說「願我王萬歲萬萬歲……」嗎？

但我個人仍相信，在我們誠心誠意地誦說：「願祢的名被尊爲聖」時，我們不僅視這句話爲一個無意義的禮節，卻是盛載著許多心中的期盼。

我們確實期盼著上帝的名被尊爲聖。

榮耀上帝

甚麼是「上帝的名」？

在舊約裏，名字與名字的擁有者有密切不可分的關係，名字反映了一個人的性格和實況，故與他的本體互相連結。上帝的名字自然亦是指著上帝的本體與存在。

當我們期望上帝的名被高舉時，我們其實是在期盼著上帝的整體，而非單純其名字被尊崇。上帝是至尊至大的，配受極大的讚美，故人對祂的稱頌本是合宜不過的。詩人說：

我要用詩歌讚美上帝的名，
以感謝尊祂為大。
這便使耶和華喜悅，勝過獻牛，
或是獻有角有蹄的公牛。（詩六十九30～31）

耶穌基督在臨離開世界前，為祂在地上的使命及與父的關係如此祈禱：「父啊，時候到了，求祢榮耀祢的兒子，讓兒子也榮耀祢。」（約十七1）耶穌在世的使命旨在榮耀上帝，並使上帝也榮耀祂。祂亦為我們樹立榜樣，好叫我們在地上也過著一個惟榮耀上帝是命的生活。

榮耀上帝是基督徒一生中最重要的責任，十六世紀偉大的神學家加爾文甚至認為這是惟一的責任，亦是人存在的目標與意義：「惟獨上帝得榮耀。」我們皈依基督，主要非為求祂保守我們在世得蒙福氣，來世得享永生；要是這樣，我們的信仰也太功利主義、太像一樁交易了。我們卻是在認識創造主後，了解了自己作為受造物的本相，知道生存的意義端在於那創造我們的上帝所命定和授予，目的是要彰顯創造主的榮耀；於是乎我們下定心志：竭盡所能，尊主為大，無論做甚麼，都要為榮耀祂而作。是上帝的榮耀，而非人的得救，成了我們切慕與追求的目標。

我們可以怎樣榮耀上帝呢？按著耶穌的說法，祂是藉著踐行父上帝所交託祂的使命來榮耀上帝的：「我在地上已經榮耀了祢，祢交給我要作的工，我已經完成了。」（約十七4）因此，基督徒也必須藉著其生活實踐，而不僅是口頭上的空洞讚美，來使上帝得著榮耀。我們要使自己整個人，包括思想、言語、行為，生活的每個層面，都成為讚美的祭，好歌頌上帝的偉大與聖潔。

當提到基督徒要藉生活中踐行上帝的使命來榮耀祂時，你將發現，其可包括的範圍實超乎我們的想像哩：譬如說，只要有一個按著上帝的形象造成的人因飢餓而受苦，上帝的名便遭到羞辱，但設若我們動了憐憫的心，給他吃的東西，則上帝的名便被稱頌；又設若有人恣意干犯上帝設定的公義法則，剝削與逼害弱小的人，上帝的名便在此遭到羞辱，而要是我們願意爲受欺壓的人伸張正義，堅持上帝的公義法則的有效性，上帝的名便因此被高舉了。總而言之，基督徒的一言一行，或坐或臥，都可以成爲榮耀上帝的契機。

■ 傳揚福音

然而，由於如此論說將會使整個課題鋪張過甚，難以聚焦；兼且如踐行公義等信仰要求，也會在後文予以闡發，故在此我們且定點在其中一個非常重要的榮耀上帝的名的方法：傳揚福音之上。

我想毋須在這裏向你申明傳福音的意義，因爲你該是在別人（你的親友、同事、同學……）履行傳福音的責任下，才得以成爲基督徒吧！如同保羅說的：「沒有人傳揚，怎能聽見呢？」（羅十14）要非是我們的前輩忠心地遵行耶穌基督「你們到全世界去，向所有的人傳福音」（可十六15）的吩咐，福音就不會代代相傳，傳遞了二千年，不會由耶路撒冷一個小地方，輾轉繞了地球一個圈，來到今天我們這裏。

我們之可以蒙受福音的好處，端賴有人爲傳揚福音的緣故付出時間、金錢、精力，甚至是性命的代價。因此，傳福音的價值是不說自明的。

耶穌基督在離世升天以前，將傳福音的責任交付給祂的門徒，這是你不會陌生的「大使命」（太二十八18～20）。祂的命令：「你們要去……」，使傳福音變成教會最刻不容緩、至高無上的使命，也是基督徒責無旁貸、義不容辭的職事。教會在地上有許多的使命：敬拜上帝、栽培信徒、社會見證、文化關懷……卻沒有任何使命能與傳揚福音相比擬。且不說敬拜上帝可以延至來生繼續在天上進行，就是說基督徒必須對上列的衆使命悉數竭力承擔，也還是需要以傳揚福音此使命來做爲衆使命的基礎，因爲若果連信主的羣體也沒有，何來對上帝的敬拜和見證呢？同樣地，基督徒可以按其恩賜與感動承擔不同的教會事工，卻仍無可推諉地要在他自己所屬的羣體裏作福音的見證，因爲只有他才是其腳蹤所到處的福音出口，是他將耶穌基督延伸到那裏，故有不可被替代的位置。

每個基督徒都必須肩負傳福音的責任，與他人分享福音的好處。要是我們親自嘗過主恩的滋味，深切體會到基督信仰對我們生命的重要性乃至關乎生前死後的地步，就會感受到身旁的人若尚未認識基督，實在是極其遺憾的事，並進而覺著我們這羣已得福音的人即等於欠了他們福音的債。要是我們基於自私的理由捂住不發，拒絕向他們分享，則這樣做便已違背了基督的誡命，也違反了福音的分享精神，我們將來必然遭到上帝的追究與問責。所以，曾經親嘗福音的好處既成爲我們之能與人分享福音的必要條件，又構成我們必須傳揚福音的壓倒性理由。保羅說：

> 我傳福音原是沒有可誇的，因我不能不傳。如果不傳福音，我就有禍了。如果我甘心作這事，就有賞賜；即使不甘心，這職責還是託付我了。（林前九16～17）

不過，我倒期望我們並非本著無可奈何、或懼怕刑罰的心態，才去傳揚福音；而是將之看成是一個偉大而神聖的職事、一個榮耀而教人興奮的使命。對許多人而言，目睹世人陷溺罪中、無法自拔，無疑是推動他們奮起傳道的重要動力，對此我甚表欽佩；但就我個人來說，卻覺得能夠發現人的美善，亦足以成爲推動我去傳揚的理由：試想一個相貌端莊娟好（其擁有上帝形象嘛！）、性格頗有可取之處、生活教人欽敬的人，若果能認識耶穌，接受福音，從而使生命變得更漂亮更豐盛，這將是何等教人感動的事！耶穌宣稱即使犯罪纍纍如稅吏，仍沒有給褫奪其爲亞伯拉罕子孫（上帝的選民）的身分，正好說明了祂看重人的價值，認定其所「是」並未曾因其所「作」與其所「有」而給奪去。一個矢志傳福音的人，必須同時看出人的罪惡與人的價值：因爲耶穌基督要爲贖他的罪而死在十字架上，可見其罪孽深重；因爲耶穌基督竟然願意爲他捨命，可見其價值實尊貴無比。對人的憐憫與熱愛，是除卻這是基督的差使外，教我們欣然承擔福音使命的另一個理由。

每一個人的成爲基督徒都是一個神蹟，就是說不僅是靠人的努力傳揚便可促成的。要是沒有基督的呼召與聖靈的感化，人是無法因別人的言說而自行皈依的。所以，我們之參與福音工作，其實不過是配合上帝親自的作爲，並且在其中扮演極其微小的角色而已。角色雖小，仍是饒有意義的。只要你曾經目睹過一個人由抗拒福音到欣然接受，及在聖靈的奇妙作爲下使生命更新變化的話，你便眞切體會到整個過程教上帝的名得著何等大的榮耀。這不單是指著他從此可藉言語行爲來尊上帝的名爲聖，更是指整個生命的改變本身便是上帝的榮耀的彰顯。

見證基督

用口舌傳揚福音只是榮耀上帝的其中一個面相。當然它是至爲重要的一個。

但是，正如耶穌基督並非隔空地將人類的拯救之途拋擲到人間，讓人自行檢閱體會，卻是道成肉身，住在我們中間，好具體彰顯出上帝的恩典和眞理；今天耶穌基督也不僅要求我們用郵購或電子傳媒的間接方法將福音傳銷出去，卻差遣我們進入人羣中，藉著我們的生活表現，具體而眞實地豁露福音的大能。如此，傳福音者的性格與生活表現，本身便亦是一個傳揚福音、榮耀上帝的媒介。

傳福音者的生活表現必須與所傳的福音相稱，這是毋庸論證的道理。事實上，許多人至今尙站在救恩門外，拒絕接受福音，豈非因著他們難以接納某些基督徒的生活表現嗎？也許基督徒的好行爲未必都能產生正面的福音效果，因爲我們的價值觀與人生目標不是世人所能全盤認同的，故此有時我們的行為會成為他們鄙夷與嘲弄的對象；但是，基督徒的壞行為卻肯定會產生負面的福音效果，這除了會攔阻徘徊在救恩門外的人接受福音外，更會給那些惡意攻擊基督教的人多一個振振有辭的罪狀。瞧，基督徒還不是一樣⋯⋯

我們都是耶穌基督的推薦信。我們進入人羣中，把基督的眞實與榮美表證出來。最低限度，我們要證明對所傳揚的信仰，自己是身體力行、身心交付的。首先，我們相信基督是上帝的顯現，故毅然遵從祂的訓示而活；其次，我們宣稱福音能改造人的生命，於是便以身相許，親作示範，好證明生命改造果然是可能的；第三，我們讓別人知道，倘若連我們這樣不堪不濟的人尚且能接受救恩、生命得著改變，那對更好的他們而言，同樣的神蹟當然也是可能的。我想，第三種的見證是更為要緊的。

基督徒要以生命來表證福音，彰顯上帝的榮耀，並不是說因此就不能犯罪，甚至不能犯錯，必須以完美無瑕的神人姿態活在地上，否則便是教基督蒙羞、絆倒別人了。這一方面在事實上辦不到：沒有基督徒眞箇可在信主後完全避免犯罪，無可指摘（有在外觀上給人如此印象的，亦只能是藉僞裝掩飾而得吧！）；另方面也不是聖經的要求：我們旨在見證上帝的「能」，而非我們自己的「能」。正如保羅說：「我更喜歡誇自己的軟弱，好讓基督的能力臨到我的身上。」（林後十二9）福音的關鍵信息是耶穌基督拯救罪人，而不是耶穌基督使罪人變成義人；所以，基督徒若果偶然被過犯所勝，或矢志盡力而仍然無法達至理想的表現，毋須因此有太多內疚自責，只要我們眞誠地在上帝面前悔罪，並且勉力改變，就算這已是第一百零一次的立志，仍可證明福音在我們生命中的眞實性：一來上帝仍然愛像我們這樣的罪人；二來我們仍然沒有放棄，仍相信福音對生命的改造是可能的。前者見證上帝的愛，後者見證信仰給人帶來的盼望。

有時基督徒太過以不食人間煙火的神聖者、或超凡入聖的得勝者的姿態出現，倒會嚇著許多人（特別是那些自覺罪汚纏身的），教他們自慚形穢，不敢靠近我們這些法利賽人式的基督徒呢！

無論如何，基督徒必須實踐信仰，在生活上表證基督。我們忠實地面對那曾得勝與失敗的眞我，又坦誠地以眞面目示人。我們努力改過遷善，在行爲與生活上榮耀上帝：不僅是待在業已成全、臻達完美的地步後才榮耀上帝；就是在那個失敗了又再嘗試、跌倒後重新爬起來的過程中，亦將榮耀歸給祂。

> 你們在教外人中，應當品行端正，使那些人，雖然毀謗你們是作惡的，但因爲看見你們的好行爲，就要在鑒察的日子頌讚上帝。（彼前二12）

第16章

行公義、好憐憫

願祢的國降臨。

上帝的國

正如前章所提，「願祢的國降臨」是《主禱文》頭三個向上帝的祝願的核心內容。倘若上帝的名被尊爲聖、上帝的旨意全然在地上得到遵行，那上帝的國便在事實上已臨到人間了。

耶穌基督教導我們，要爲上帝的國的降臨祈禱。

耶穌的「天國使命」

倘若我們稍爲熟悉福音書，便當知道「上帝的國」是耶穌基督在世上傳道的中心主題。（基於傳統的緣故，馬太福音用的是「天國」一詞，而非「上帝的國」，但兩個詞彙的意思完全一樣。）「天國近了，你們應當悔改。」這是耶穌與施洗約翰所傳講的共同信息（太三2，四17），也由此顯出祂與舊約時代最後一位先知的銜接處。終其一生，耶穌走遍各城各鄉，目的都在「宣揚天國的福音」（四23），要求人成爲「天國門徒」（十三52），努力進上帝的國（路九62）。耶穌一方面指出，祂之來到人間、彰顯上帝的大能，正表示上帝的國已臨到人間（路十一20）；但另方面卻又預告，在祂第二次降臨時，祂才會把上帝的國帶來（太十六28），並且邀請凡遵行祂命令的人，承受那創世以來便已爲他們預備好的國（太二十五34）。

上帝的國在耶穌基督第一次降世時便已開始，卻要在祂再次回來時才告完成。

「上帝的國」一詞的含義是非常豐富的，最簡單的說法，是指著上帝的王權的實現。我們在第十章已略爲提過。但是，要較全面了解這個詞的意思，還得先回到舊約，追溯以色列民對此的理解；然後再與耶穌的教訓作比較，好發現耶穌在上帝的國的道理上有甚麼發明與添加。

舊約對上帝直接統治的期望

對於舊約時代的以色列民而言，上帝的國是他們熱切的期望；特別是當整個民族陷在政治危機、國家淪亡的危機時，渴求上帝的國降臨的呼聲便更大。他們從政治的角度來理解上帝的國，指的是上帝的親自統治；他們認爲最好的政治形態是上帝不假任何人手，直接治理百姓，因爲只有祂才能以完全的智慧和公義來管理百姓，並為他們帶來繁榮與穩定的生活。

上帝的國的重點不在於一個特定的國家和疆界，因為上帝的治權不容任何人間的地界所拘限，祂是地上萬國的上帝（王下十九15）；卻在於上帝的王權(kingship)，即包括上帝的臨格、鑒察、同在，以及祂按照其心意來親自治理百姓。摩西曾作讚歌說：「耶和華必作王，直到永永遠遠」（出十五18）；彌迦先知亦曾預告：「耶和華必在錫安山作王統治他們，從現在直到永遠。」（彌四7）

「天國」的屬靈含義與倫理含義

耶穌基督繼承了猶太人對上帝親自統治的期盼，故亦宣揚上帝的國的福音。但是，祂卻將其含義作了大幅度的修正，使由世俗的含義（戰勝列國，樹立王權）轉移至屬靈的含義（擊打撒但、克勝邪惡），並且又添上了倫理層面的意義。

祂指出，上帝的王權並非僅彰顯在祂為猶太人打敗那些逼害他們的政治仇敵，卻更表現在上帝要擊潰撒但此屬靈的邪惡力量之上。故此，耶穌的醫病趕鬼，正是上帝王權伸展的證據（太十二28；路十一20）。換言之，何時撒但的權勢被打敗，何時便是上帝的國的實現。這樣子屬靈意義的王權伸張與克勝仇敵，使得上帝的國不再單是以色列一個民族在一個時期的盼望，卻變成自耶穌以後所有基督徒的共同期望。

而對個人而言，耶穌基督之將他從罪惡中釋放出來，又豁免他因犯罪而虧欠的罪債，從此他再不被罪惡奴役，也不爲罪債所拘束，可以自由地活在上帝的統治之下，這便亦是上帝的國在他身上彰顯的表現（太十八21～35）。舉例說，一個從前一直被某種惡習纏繞，無法脫身的人，在成爲基督徒、且被聖靈感化而得以擺脫惡習之後，他便眞正活在上帝的治理之下，上帝的國也在他心裏。

基督徒若是不再爲罪惡與撒但所轄制，得以活在上帝的治權之下，由罪的奴僕變成上帝的奴僕，便應該在性格行爲與生活表現上，顯露這個被上帝統治著的事實。正如在登山寶訓中耶穌指出，那些心靈貧乏的、哀痛的、柔弱的、愛慕公義的、憐憫人的、內心淸潔的、使人和平的，以及爲義受逼害的，統統都在上帝的國裏（太五3～10）。這些性格與行爲表現，彰顯出上帝的國的子民的氣質。

如此，在耶穌基督的教訓裏，上帝的國旣是指著上帝屬靈的治權，也是指著基督徒的行爲表現。

上帝子民的氣質

基督徒要承受上帝的國，就必須讓上帝的王權實現在他的生命之內。一方面他要在聖靈的幫助之下，克勝罪惡、抗拒撒但的誘惑與試探，好表明他是屬靈含義的上帝子民；另方面也要在性格與生活中流露出上帝子民的特殊氣質，這是與其他人有顯著分別的。

必須注意的是，所謂上帝子民的氣質，並非表示我們要如上帝般的全知全能、尊貴榮耀；就像中國人的說法：「一人得道、雞犬升天」，旣然我們跟隨的是大能的上帝，那就算狐假虎威，我們也該位列仙班，表現出大能的姿態。聖經中從來沒有對基督徒作如此的獎賞。即使耶穌應許凡跟隨祂的人在將來可以分享祂的治權，其應驗也還是要待祂得國降臨之時。

上帝子民的氣質亦不是我們在道德行爲上的希賢希聖、高風亮節，或在知識上表現出既誠且明、料事如神、深不可測的超人態勢。我們既不是政治或社會含義的强者，也不是在知識、思想或道德上的强者。

按照耶穌的教訓，我們是在覺知自己的無知無助、甘爲卑微與平凡之下，才表露出自己是信靠上帝、委身上帝、遵從上帝的人，也就是祂的子民。耶穌說：只有那些像小孩子一樣的人，才可以進上帝的國。而前引登山寶訓中的八福所講論的上帝子民的氣質，更顯示出凡能進入上帝的國的，都不是一般人想像中的强者；因爲上帝的國只開放給那些體察到自己心靈貧窮、爲自己及別人的景況哀慟，及在上帝面前自覺柔弱的人。

因此，上帝子民並非是道路通達、表現卓越、持有勝利主義心態的强者，卻是像耶穌基督一樣柔和謙卑的人。「你們當以基督耶穌的心爲心」，上帝子民的氣質，主要是柔和謙卑。

也許可以這樣說，惟有是柔和謙卑的人，才是上帝眼中眞正的强者；那些自高自大、得志意滿，對自己充滿信心、好逞血氣之勇的，只是表面上的强者，實際上卻脆弱得很，在屬靈爭戰上經不起任何考驗。基督徒若深切洞悉自己的心靈貧乏、爲自己的無有與鄙陋羞愧懊惱，且願意柔弱地倚靠上帝，便可從上帝那裏得著眞正的能力，如一首兒歌所言：

「我雖軟弱主強壯。」因爲，他沒有以他自以爲有的能力來妨礙上帝能力的伸展：既不自以爲是地亂作主張以掩蓋上帝的旨意，又不自把自爲地用個人的措置來僭越上帝的作爲，如此便更有效地在其身上突顯出上帝的主權來。

馬利亞曾這樣讚美上帝的奇妙作爲：

> 祂用膀臂施展大能，
> 驅散心裏妄想的狂傲人。
> 祂使有權能的失位，
> 叫卑微的升高，
> 讓飢餓的得飽美食，
> 使富足的空手回去。（路一51～53）

保羅也用相類似的話呼應說：

> 上帝卻揀選了世上愚笨的，使那些有智慧的羞愧。祂也揀選了世上軟弱的，使那些剛强的羞愧。祂也揀選了世上卑賤的和被人輕視的，以及算不得甚麼的，爲了要廢棄那些自以爲是的，使所有的人在上帝面前都不能自誇。（林前一27～29）

耶穌自己取了奴僕的樣式在世上彰顯上帝的大能，祂也選召那些多數出身寒微的門徒，來傳講上帝大能的福音；因此，基督徒應該抱持一個謙卑爲僕的心態，在一個敵擋眞理的世界裏，表證上帝的王權。昔日耶穌拒絕差遣十二營的天使下來以强權捍衞眞理（太二十六53），今天祂也會同樣拒絕讓教會以征服者的姿態來傳說上帝的國的福音。弔詭性的是：大能的上帝王權，竟然不能用大能的方法來傳講。這是爲甚麼我們在面對信息與表達的內在張力時，需要向上帝呼求「願祢的國降臨」了。

■

公義與憐憫

擁有柔和謙卑性格的上帝子民，如何傳揚上帝的國的福音呢？

許多時候，我們會把柔和謙卑理解爲怯懦窩囊、凡事無定見、不敢爲天下先的卑劣性格，就像尼采認爲基督徒的德行乃妨礙人類進化的批評一樣。的確，不少人把耶穌描繪成娘娘腔的小男人（早已存在著女性化的耶穌了！）；又要求基督徒必須凡事忍讓、以和爲貴、遇事不爭，不顧是非黑白地販賣廉價愛情。這可是對耶穌及祂的上帝的國的教訓的最大扭曲。

耶穌基督不錯以柔和謙卑來自況，但這是指著祂對罪人的憐憫心腸，及選取的拯救罪人的卑微方式而言；卻不是說祂會對強權屈服、不敢堅持眞理或伸張正義、迴避衝突宣揚泛愛。我們在聖經裏可以看見，那位溫柔地擁小孩子入懷、爲一位小兄弟的死訊而灑淚的祂，卻敢於當面且公然地申斥有身分有地位的律法師和法利賽人，又在聖殿裏以暴力推倒不法地兌換銀子的攤檔；祂更承擔拯救人類的重責，身懸可怖的十字架，仰盡難喝的苦杯。耶穌既非鄉愿、又不是懦夫，在公義和眞理面前，祂表現出「雖千萬人，吾往矣」的氣概。

作爲基督門徒的我們，必須擁有像基督一樣的柔和謙卑的氣質。我們對人柔和：憐恤人的軟弱痛苦，體察人的掙扎困擾，不輕易定人的罪，不對人失去期望，不吝嗇向人伸出接納與支援的手；我們對人謙卑：在最低劣不濟的人當中，仍看到基督的臉容與自己廁身其中的面相，知道有誰軟弱、自己也同爲軟弱，因而承認我們亦不過是不濟者的其中一分子，不敢妄自尊大，藉基督來高抬自己。

但是，正是由於我們是柔和謙卑的人，我們便不能對強權屈服，在邪惡勢力面前使公義和眞理失守。因爲我們已不復爲自己而活，支撐我們堅持下去的主要動力不是生之欲望，乃是上帝的使命。謙卑的我們，不敢將自己的成敗得失、焦慮恐懼、各樣的計較，置放在上帝的標準之上，並以此來盤算該作的行動抉擇。要是上帝沒有指示我們退讓，沒有授權我們將祂的公義與眞理折價承讓，那我們便只好像十六世紀的宗教改革者馬丁・路德般宣稱：「我就站在這裏」(Here I stand)，必須爲堅持上帝的標準而戰，甚至犧牲掉一己性命，也在所不辭。一個眞正柔和謙卑的人，是一個更勇敢堅持眞理、更順從上帝的標準的人。

事實上，當我們祈求上帝的國早日降臨時，我們也同時在求上帝的眞理和公義在世上得到顯彰，期望上帝按其公義親自治理萬民；我們也爲自己能擁有憐憫和公義的性格而祈禱，認定惟有具備此等性格，才配得進上帝的國。

愛慕公義如飢如渴的人有福了，
因爲他們必得飽足。

憐憫人的人有福了，
因爲他們必蒙憐憫……
爲義遭受逼害的人有福了，
因爲天國是他們的。（太五6、7、10）

上帝的國是屬於行公義、好憐憫，甚至願意爲之受逼害的人的，基督徒必須活在世上，宣揚公義、踐行公義，也爲公義之得到實現而奮鬥。上帝既在聖經裏爲我們樹立了公義的標準，我們便得以照見人間不公義的事實，並且不會因過分接納現實而作出妥協，仍然相信公義必須伸張、公義也必得伸張。我們勇於挑戰一切有乖公義的行爲，及支持此等不義行爲的強權，不論這些強權是政治性、經濟性、社會性，抑或文化性的。我們知道，一切不義的事都是與上帝的標準相悖的，也因此必然地與上帝的王權不相容；在我們爲上帝的標準奮鬥，努力興革不義的制度的時候，我們的行動便變成一個祈禱：「願祢的國降臨。」

但這裏我們得留意，不要把自己爲公義抗爭的行動看成是促成上帝的國實現的手段，彷佛上帝的國就因我們的奮鬥，便可早日實現在地上了，又或者若無我們的參與，上帝的國的實現計劃便會落空了。不！人間再正義的奮鬥，都不是上帝的公義的化身（歷史上多少革命者聲稱他們代表上帝、替天行道呢）；而此奮鬥的目標或成果，亦不會促成上帝的國（革命的烏托邦理想不等於上帝的國）；它們頂多是「指向」上帝的國，及反映出人以具體的行動來向上帝祈求祂的國早日實現而已。上帝的國是要待耶穌基督重臨地上，結束人間有形無形的權勢，才得以完全降臨的。我們期盼上帝的國，又以行動（踐行公義）來表達這個期盼，卻不是在建造上帝的國。

如此，基督徒便一方面得肩負人間追求公義的責任，不能逃避作社會先知、政治良知、文化守望者的職責；但另方面卻又不將任何人間的參與和期望神聖化、絕對化，視之爲上帝的化身。而更重要的是，由於我們不是追求成爲人間標準的强者，只願以謙卑的僕人心態在地上服事；那麼，就切不可企圖用政治、經濟等人間的勢力，來促成我們的宗教理想的實現，誤以爲用强權捍衞眞理是推廣眞理的有效和快捷方法。耶穌基督在世上並沒有使用强權來强銷眞理，今天我們也不應該如此妄想妄求。基督徒被吩咐要在地上作鹽作光，卻沒有被授權建造甚麼福音化的國家或基督化的文化；倘若我們使用暴力或任何人間的政治手段，而非僅是宣揚、見證、示範，及爲理想受苦等僕人方法，來强力推動基督教國家或基督教文化的建設，就更是與基督的教訓相違背了。

與此同時，我們還得提醒自己，聖經中恆常是將公義與憐憫置放在一起的，八福中也同時列舉了此二者，它們都是不能分割的上帝要求。倘或我們不是對落在不義的景況下的人動了憐憫之心，而僅是追求一個虛擬的公義社會，甚或爲實現某個公義社會的理想，而不惜不義地犧牲弱小者的利益（爲求目的、不擇手段，以目的來合理化手段），則我們便很容易假公義之名來踐行不義之實，我們也會因此淪爲人間不義者的另一員。公義必須伴以憐憫。我們終極關懷的對象是人，而不是抽象的公義理想；我們爲現實上存在著的不義感到憤怒和哀傷，卻不曾羨慕一個完美的公義構思。

第17章

勤讀聖經、明白神旨

願祢的旨意成就在地上，
如同在天上一樣。

上帝的旨意

馬太福音與路加福音均有《主禱文》的記述，但路加版本卻省略了這一句。這或許是路加一時不慎漏載了，又或許是耶穌原來沒有說這話，只是馬太爲了更清晰地演繹耶穌的「願祢的國降臨」一語，而作出的補充說明。由於這句話錄載在聖經裏，故不管是哪種情況，都不會損害它的權威性。事實上，教會按照一貫的傳統，都是取馬太的長版本而捨路加的短版本的，這可以說是寧濫無遺吧。

耶穌教導我們對上帝祝願：「願祢的旨意成就在地上。」

上帝的旨意(*thelema*)泛指上帝所喜悅、偏好與期望的事。其中有祂一貫且顯明了的，譬如說祂喜愛憐恤、不喜愛祭祀；也有祂在某樣事件中的特殊旨意，譬如祂不容許保羅在第二次宣教旅程中前赴庇推尼。

上帝的旨意無有不就

不知道你是否有同感，「願祢的旨意成就在地上」這個祝願，從表面上看是頗爲怪異、甚至是荒謬的。因爲若上帝是全能自在的上帝，祂說有就有、命立就立，只要祂願意，事就這樣成了；那我們何須祝願祂的旨意能夠成就？我們的祝願，是否意味著心底裏正懷疑祂的全能：祂或許無法心想事成、或許力有不逮？沒有人會祝願上帝：「願祢永存不歿。」那麼我們爲甚麼要祝願祂的旨意成就在地上？這不會構成對祂冒犯不敬嗎？

實在地，若上帝心願一件事，宇宙間沒有任何力量可以橫加阻撓，使其不得遂現。聖經告訴我們，連撒但都不是獨立於上帝之外，可以與上帝平排並列、鬥個未分勝負的對手；他的一切行爲，都是在上帝的容許與限制之下，並且至終亦成爲上帝完成其創造與救贖計劃的一個工具。所以，上帝要是立定了心意，就必然且立即如願以償，不會有任何延誤或差池。

人的自由意志

不過，上帝卻因著眷愛祂所創造的人的緣故，賜予他們一個可以獨立於祂的旨意以外的思想和意志，這便是我們常說的「自由意志」。人可以作理性思考、有喜惡感情、有價值判斷，毋須像其他生物般，僅按上帝命定的自然本能而活。套用哲學家的說法，人的「存在」先於他的「本質」，他在客觀事實上存在著若干無法改變的本質，但在主觀精神上卻可對這些被賦予的本質作改造甚或否定（譬如說：他可以捨生取義，爲自己形構的理想而放棄求生的本能）；故從這個角度看，人的本質不是被註定的，他沒有不能更易的生活內容，並且也僅是由他自己來爲未來的生活添加內容。

是上帝的恩典限制了祂自己的能力，祂不再全然轄制人的思想和意志，容許人保存這片難得的自由天地（人也只是在思想世界裏，才擁有絕對的自由王國）。因此，正是在人的思想世界裏，上帝的旨意存在著無法成就的可能性。不是上帝不能強力將之成就，而是上帝在恩典裏的自限使祂不如此作。

人的悖逆

上帝給人自由意志的原意，是希望人毋須在「必然的」世界裏與祂界定各自的位分（人必須聽從上帝），從而得以建立一個「應然的」關係：人可以與上帝自由溝通、能夠明白祂的心意，並且選擇遵從祂的命令。但是，要是上帝給人眞正的自由，則祂必須容許人選擇與祂的原意相反的另一面：違抗祂的命令、悖逆祂、與祂爲敵。而不幸地，人確實做了這一面的抉擇：是悖逆而非順服的抉擇。這是始祖犯罪的肇因。

當然人若違抗上帝的旨意，便得承受這個悖逆行動所招來的苦果：他被趕逐出上帝的臉光之外，與上帝的溝通中斷，生命亦不再與祂自然交流，卻是因罪的緣故而在雙方中間建立起一堵圍牆了。此外，人亦活在自己所製造的罪海中，被罪所困，無法自拔。

人的自由與不自由的困局

人在思想上享有絕對自由而在事實上受著各樣約制，爲他招來許多痛苦。可以說，人生所有煩惱與罪惡，幾乎都是由此引起，並與之相關的。人欲全知而實在所知不多，欲全能而實諸多不能，欲企求無限而實受困於有限中，欲成爲上帝而僅爲凡人。這些欲望與圓現、理想與現實間的宵壤差距，帶來了佛家所說的求不得、怨憎會、愛別離等諸苦；也造成人內心各種不平衡與負面情緒：失望、沮喪、焦慮、妄想、無安全感、佔有欲……而設若人不接納自己現實的限制，妄圖用盡一切手段來實現其心中的自由王國，使自己由凡人升格爲「上帝」，則人際間的種種矛盾、爭鬥、壓逼、剝削，以至歷史上罄竹難書的罪行與悲劇，便悉數由此而生了。狂妄必遭天譴，人不甘爲人而欲成爲上帝，所作成的罪孽之深重，是活在當代的中國人可深切體會的。

無論如何，人的思想世界、及經思想誘發出來的行動，是上帝在祂恩典的自限裏不曾予以轄制的。正是在這裏，上帝的旨意無法必然成就。因此，上帝的旨意若不被成就，是在人間世界(個人及社會)內，而非在自然世界裏；《主禱文》的祝願中的「地上」一詞，亦當作如是理解。

願上帝的旨意成就

多形式的踐行神旨

基督徒若許願說願上帝在地上成就祂的旨意，就表示他期望上帝所未曾轄制的個人思想與羣體社會，也能有一天按照祂的旨意而行。要達成這個期望有兩個途徑：其一、在今天上帝仍沒有收回祂給予人的自由意志的情況下，人能正確地運用他的自由意志，順服及遵行上帝的旨意；其二、在將來末日審判時，上帝毀滅現世的一切，亦不再容讓人有獨立於祂以外的犯罪自由，屆時萬有都徹底服在祂的腳下，祂的旨意得到全面實現。這兩個途徑並非互相排斥、必要二擇其一的，它們同是我們的渴想和追求。不過，後者只能是我們對末日的盼望，無法構成任何的行動指引，而前者則是我們今天可資奮鬥和努力的方向。

我們如何使人正確地運用其自由意志，順服及遵行上帝的旨意？正如前章論述上帝的國時所指的一樣，我們在地上所有的參與，均可以促成上帝的旨意成就在地上。譬如說，我們努力傳揚福音，使更多人願意遵行上帝的旨意；我們從事推動政治與文化上的公義運動，也可以在個別的政治與文化事件中突顯上帝的旨意。總而言之，我們按著基督的教訓而作的事，無論大小、或公或私，均成爲「爾旨得成」的禱告的部分圓現。

由於傳福音與公義關懷在前章已討論過，這裏不再重複。我們只須注意到這些信仰的基本要求，其實不是各自獨立的不同任務，卻是彼此息息相關、共同扣在一個上帝旨意之上的。

對上帝旨意的敬畏

但我深信，一切外在促成「爾旨得成」的參與，都必須根源自個人內在生命中對上帝的敬畏；我們先是尊上帝為大，願意順服祂的旨意，使之兌現在自己的生命中，然後才秉行上帝的旨意，在傳福音及公義事業中有所參與。個人的生命質素是根，外在的事工只是枝葉或果實。

為甚麼要特別強調這一點呢？因為在過去的教會歷史，乃至今天的教會現實裏，我們都可以看到有許多人打著基督教的幌子，在政治、社會、經濟、文化等層面作各樣的參與，聲稱要按著上帝的公義準則，來追求在現實生活中自由、平等、民主等精神的兌現。他們自稱為基督徒，聲稱推動的是基督教的運動，追求的是基督教的精神，也呼籲所有基督徒參與及支持。但設若我們撥開那貌似基督教的迷霧，較近距離地觀看，則可赫然發現，原來他們崇拜的不是歷史中出現過且啟示祂自己的上帝，而是他們心中堅持的民主、自由、平等等觀念、經外在化(externalized)與客體化(objectivized)後所形塑出來的「上帝」；而他們追求的所謂自由、平等、公義等「基督教」的理想，也不是由聖經所限定的，卻完全是他們按著自己的喜惡抉擇或選取的某些時代思潮而確立出來的，故其內容甚至可以與聖經的教訓直接相衝突（譬如對同性戀的看法）。反正所謂「上帝」也者、所謂「公義」也者，甚至是「基督教」也者，完全是由人賦予其內容的。他們按著人的旨意來決定上帝的旨意，又奉上帝旨意的名來推銷他們自己的旨意。如此這般的踐行公義、實現神旨，就眞的是不知所謂，且吻合了耶穌所說披著羊皮的豺狼的比喻了。

一個眞正踐行上帝眼中的公義標準的人，必須是一個首先敬畏上帝的人。他知道上帝是上帝，而他自己不是上帝；他不能憑著自己的期望來塑造上帝的形象，不能將個人的旨意投射出去而變成上帝的旨意，卻要謙卑的俯伏在地，說：「耶和華啊！請說，僕人敬聽。」然後讓上帝自由地、不遵照任何人間學說或主張去顯露祂的旨意。他先順服上帝的旨意，才繼而將「願祢的旨意成就在地上」變化爲行動，實踐在個人及羣體的生活上。

因爲他願意上帝的旨意成就在其思想裏，所以就不將自己的任何主張、觀念、喜惡，甚至是過去經驗所結晶出來的定見看成是終極的。這不是說他在凡事上再無個人好惡感情，或再無思想、再無是非觀念；也不是說他先入爲主地認定個人的思想、價値及感情必然地和上帝的旨意水火不容，有你無我，惟有委曲自己來成全上帝。不！他仍有自己的想法，也不認爲憑理性與喜好做的抉擇必然是大逆不道的；但是，他卻存著敬畏上帝的心，認定上帝在其生命及生活中的每一樁事上，有最終的發言權，而且願意將所有的事（尤其是重大的抉擇）呈獻在上帝面前，由祂分訴和決定；即使他已先有個人的偏好和想法，也要在尋求上帝認可，及謹愼地審查其是否與上帝的旨意相違逆後，才敢付諸實行。

只有在個人生活裏迫切尋求上帝的旨意、恭謹地踐行上帝的旨意的人，他在公共生活中所作的一切，方是指向「願祢的旨意成就在地上」的祈願。

尋求上帝的心意

從遵行上帝的旨意，必然地會過渡至如何尋求上帝的旨意此問題。要是我們連上帝的旨意是甚麼也不知道，又如何談得上予以遵行呢？

如何尋求上帝的旨意？這可是一個既古老但又現實的問題。（我曾撰寫了一本小書《憑誰意行？》〔香港：基道出版社，1992〕，專門探討此課題。）概括而言，上帝的旨意若是指著在某個獨特事件中的獨特旨意，則除非是祂願意親自向人豁露，否則人將無法完全準確地將之識別出來；只能就個人的祈禱、讀經領受、長者或朋輩的意見，以至對某些環境因素的詮釋來加以推敲估量。但上帝的旨意若是指著祂一貫且顯明了的旨意，就用不著人去四出尋索，或按心中感動來任意臆測了，只須查考上帝啟示最完備的記錄：聖經，便可以確定之。

聖經既有啟示，又為啟示

聖經是我們認識上帝一貫且顯明了的旨意的最穩當的途徑。因為聖經不單是上帝的道的記錄，收載了上帝在歷史中向人的啟示，其本身就是上帝的道，是聖靈感化引導聖經作者書錄而成。所以，聖經內藏眞理、擁有眞理，而它本身也是眞理、全部是眞理。

確認聖經同時既有眞理又是眞理，使我們不致狂妄地捧著聖經然後問：「眞理在哪裏？」然後再按人的喜好與理性來判定聖經哪部分的內容是眞理、哪部分則是文化的產物，哪部分需要遵守、哪部分可以不理。無疑聖經中確實存在著一些事件或教訓，是特別針對著上帝作啟示的那個時代的需要，與後代的情況不必然相符，其有效性與應用能力亦因此需詳加斟酌。但是，我們仍得謙卑地宣認，儘管無法直接地爲某段經文尋找其在今天的處境的著陸點，它仍是不折不扣的聖經，上帝將之收錄在聖經裏，仍必然有祂特定的心意。換言之，也許其字面解釋不一定對今天有直接指導的意義，它仍會在經其他方法的解讀下，對我們產生啟迪、指引與制約的作用。聖經整個兒是上帝的啟示，也整個兒是眞理。

啟示的終結與正典的形成

聖經不是一時一地的產物，卻是上帝在千多年漫長的歷史歲月裏，在人不同的處境下，藉著多位不同身分與地位的歷史人物協助撰寫而作的啟示，因此內容充分反映出祂在不同的時代對人的要求。不過，上帝整個啟示的行動已在主後一世紀末結束了，就是在耶穌基督這個上帝對人最偉大也最完備的啟示離開世界，門徒將祂的生平與教訓、及對教會的生活與使命作了充分的說明後，上帝完成了祂對人藉文字而作的啟示。今天我們擁有的六十六卷聖經，大概是在三世紀左右確定下來的，從此大公教會將聖經的各篇目確認爲正典(canon)，亦宣布正典業已終卷，再無新的篇章可以加插進去。從那時起，直到今天，以至日後的世世代代，我們相信上帝都不會在這部聖經以外，再作任何有普遍性的指導意義的啟示。所以，任何人宣稱他擁有上帝某些具普遍性內容的「啟示」（就是非單關乎其個人或特定羣體的特殊指引，而是放諸四海而皆準的眞理），又或者書錄編纂聖經以外的別卷，奉之爲具有與聖經同等的地位，我們就用不著鑑證其所獲得的「啟示」的內容，已可以判定其必爲異端。

聖經的四重特性

對於聖經，我們有四個簡單但重要的認定：權威性、清晰性、統一性、充分性。

權威性(authority)：聖經是上帝的默示，是教會眞理的泉源和審定者，也是信徒行事爲人的最高指導標準。聖經是教會惟一自足性的權威，一切傳統若非建造在聖經的權威之上，就沒有終極權威性。

清晰性(clarity)：聖經是上帝讓人明瞭其心意的最主要途徑，因此旨在供人閱讀和理解，而非要求人奉之爲聖物來加以膜拜。上帝既要讓人明白其眞理，就必然使其眞理清晰易懂，而不會用符咒讖諱的方式寫出來。故任何受過起碼水平的教育的人，只要有好的譯本與基本的工具書，都能自行讀經。

統一性(unity)：六十六卷聖經雖然各有作者，但因著聖經是擁有雙重作者(dual authorship)的，在人的作者之外，聖靈亦是全本聖經的作者。因此，聖經擁有統貫的思想、和諧的教訓、一致的指引；其中心內容是耶穌基督及祂爲人類預備的救恩。

充分性(sufficiency)：聖經並未記載宇宙間所有知識和眞理，也許沒有提供某些我們欲知道的神學課題的答案；但是，它卻在我們了解上帝是誰、祂爲我們做了甚麼、我們是誰、我們該如何回應等關鍵問題上，擁有清晰完備的記述。因此，聖經足夠讓我們明白上帝的救恩，並按上帝心意度世上的日子。

作爲一個基督徒，一個願意尋求上帝的旨意、並按祂的旨意而活的人，必須勤讀聖經，將讀聖經變作生活的一部分，成爲習慣，甚至是嗜好。我們除了要明白聖經，將上帝的話藏在心裏，反覆記誦、思考外，更要勉力遵行，在生活中實踐出來。惟有是一個愛好並遵行聖經的人，才是一個心口如一地祈願「願祢的旨意成就在地上，如同在天上一樣」的人。

第18章

凡事信靠、凡事謝恩

我們每天所需的食物，
求祢今天賜給我們。

此在的信仰

《主禱文》除了包括人對上帝的三個祝願外，也有三個與人的需要相關的懇求。

耶穌教導我們的祈禱，橫越了屬靈與屬地兩個境界。一方面，祂讓我們看出屬靈與屬地兩個境界同時是眞實的：現實生活的需用是眞實的，但上帝的國何嘗不也是眞實的？我們毋須爲肯定任何一個境界而否定或忽略另一個。另方面，祂更讓我們看到屬靈與屬地兩個境界的彼此相關性：我們乃踏足在現實生活上來期盼上帝的國的臨格，踐行上帝的旨意，但又呼籲上帝進入我們此在的境界，在我們的生活中施行作爲、賜下恩典。

在我們爲上帝的名、上帝的國，以及上帝的旨意祈禱時，我們是確認在現實的物質世界之外，尚存在著一個更眞實、更終極的屬靈境界，値得我們關懷和追求；我們不能因眼前的名利欲望的種種需求，而掩蓋了靈性上的飢渴空虛。我們需要肉身的食物，也需要靈性的食物；人飢餓非單因無餅，也因著缺乏上帝的說話。但接著當我們爲每天需用的飲食、人神關係與人際關係，和生活中的屬靈爭戰祈禱時，我們卻是確認上帝也認可及關懷我們所在的這個歷史場景。上帝不僅是彼在（天堂、來生、「屬靈」）的上帝，也是此在（塵世、今生、「屬世」）的上帝；祂掌管現實的一切，關懷我們的實存景況，並且願意在我們卑微的生活中彰顯其偉大的能力。

基督教信仰並非抽離現實的信仰。我們宣認上帝是創造天地萬物及人類歷史的主，正好說明世界不是虛幻不實的，一切非「無」非「空」而是「實有」。上帝沒有繞過世界及歷史，從天上擲下一本神書聖諭，卻選擇在特定的歷史時空，藉著具體的人和事，有形有質地啟示祂自己；而道成肉身這個最偉大的啟示行動，更反映出上帝對世界和歷史的肯定，祂要在歷史中彰顯眞理，在世界施行拯救。耶穌基督雖然勸誡我們要追求上帝的國，但卻不是要宣揚一個純粹正在彼岸遙不可及的烏托邦，而是教導門徒一套在現實生活中已可具體踐行的生活要求。

生活的祈求

信仰不單是對現實生活之外的追求，也是在現實生活中的盼望。

基督教並非是那些看破紅塵、天生靈根、超脫飄逸、高瞻遠矚、不食人間煙火的高人所特享的專利品；也是我們這羣視野低窄、心胸狹小、氣魄不宏、思想簡單，在現實生活中營營役役、胼手胝足、爲柴米油鹽等口腹需要忙碌困頓的凡夫俗子可以分霑其惠的。耶穌豈非曾特別呼召我們這羣鄙俗的小民嗎？聽：「你們所有勞苦擔重擔的人哪，到我這裏來吧！我必使你們得安息。」（太十一28）

對，是我們這樣爲生活勞累、爲現實困擾的人，才教耶穌覺著憐憫與悲愴：「祂看見羣衆，就憐憫他們，因爲他們困苦無依，像沒有牧人的羊一樣。」（太九36）是我們這樣身無長物、朝不保夕、爲口奔馳、自我保障能力甚低的人，耶穌「不要爲生命憂慮吃甚麼喝甚麼，也不要爲身體憂慮穿甚麼」（太六25）的勸勉，才特別感到受用。耶穌的福音是爲那些在物質與精神上均覺貧窮的人而設的。「心靈貧乏的人有福了……」

所以，在耶穌教導門徒先求祂的國和祂的義之後，便轉而引導我們禱告說：「我們每天所需的食物，求祢今天賜給我們。」

好個現實又庸俗的祈求！特別若與前段的上帝的國並列相較，便更顯出其氣象與意境之低劣。不過，這果然是我們心底的祈求，是我們這羣自承低俗、且事實上過著凡俗生活的人的摯誠懇求。我們缺乏日用的飲食，我們關懷日用的飲食，我們也呼求上帝供應日用的飲食。

那些高雅之士力圖宣揚一套高雅的信仰，將上帝裝扮成只好高級管弦樂、只被裝璜華麗的教堂供奉著、只受人藉莊嚴繁瑣的儀式膜拜、也只聽辭藻鋪張意境高遠的禱文的高檔偶像。他們自然會瞧不起我們這樣原始、直率、拙劣的禱告。但是，笑罵且由他們吧！我們爲何要在高尙的會堂裏尋找上帝呢？那位在加利利湖邊、無佳形美容的耶穌基督，豈不在呼召我們「來跟從我」嗎？讓我們勇敢且坦蕩蕩地向祂求告：「我們每天所需的食物，求祢今天賜給我們。」然後聽祂對門徒吩咐：「我憐憫這一羣人，因爲他們……沒有甚麼吃的了。」（可八2）

信仰就是生活、生活就是信仰。神聖的信仰必須實踐在庸俗之生活內，而再庸俗的生活也可以因信仰的緣故而變得神聖化。沒有任何微小瑣碎的生活事項，不能被併入信仰的範疇內；也沒有任何微小瑣碎的生活需求，不可成爲我們向上帝神聖與莊嚴的祈禱。每天的食物亦不例外。

爲待有的祈求

耶穌教導我們爲日用飲食祈禱，給我們指陳了兩個重要的訓示：爲待有的祈求、爲已有的感恩。

要是我說：基督徒要爲他生活上的需用祈求上帝，你的反應可能是：這似乎是一個簡單常識、一個理所當然的事吧，何須特別申明呢？並且，設若我們在心底裏有某些期望，急欲上帝援手，那毋須旁人吩咐，我們也自然會向上帝開口了，故因何要在這裏多言，彷彿將人向上帝尋求援助此自然的表達也給規條化，變作信仰或倫理上的要求呢？（在第十四章我們正好强調了祈禱是基督徒的信仰自然表達。）

我對此的回覆是：將生活上的需用向上帝祈求確實是（也最好是）基督徒一個自然又自發的行動，但是也同時是信仰與倫理上的外在要求。自然表達與外在要求，兩者是並行不悖，不能偏廢的。

對現代社會裏的人而言，自然主義(Naturalism)成了幾乎是不容置疑、也無處不在的學術態度和生活信念。我們相信，感官經驗所能及的這個物理世界是既完備又自足的，一個存在的現象乃由之前或同時期的現象所誘發，並且可以用自然的因果關係而得到充分的解釋；超自然的因素是不存在的，遑論用來做爲對自然現象作解釋了。所以，在我們日常生活裏，特別在進行理性活動時，上帝是沒有任何位置的。正如十八世紀啟蒙運動一位哲學家所言；我們不需要「上帝」這個假設。

科技的發展增加了人對自己的知識和能力的自信，使他們認定人在天地間必須自力更生、自求多福。就算在遭遇一些突發的、非人力所能控制的困厄時，人會呼求上帝或某種超自然力量幫助，但這也僅是感情的宣洩與美學上的表達（即所謂「窮極呼天」），並無認知意義；在冷靜下來後，他還是要腳踏實地去適應外在環境，逐步解決困難，不能心存僥倖。這種想法或可稱之爲人文精神。

由於我們自小便在自然主義及人文精神的氛圍下成長，故習慣於視世界爲一個封閉的系統，上帝及超自然事物既不存在，又在思想與生活上無位置。即使在皈依了基督教，認識創造與掌管萬有的上帝之後，不少基督徒仍未曾徹底改變從前無神論式的心態，難以接受上帝在他生命與生活的每個角落皆有其地位、皆有發言權；他們仍自信單靠己力便可供應生活上大部分（尤其是正常穩當時期的）需求，毋須向上帝祈禱，尋求祂的幫助。

就我的經驗所知，完全不祈禱、或甚少作私禱的基督徒爲數不少，心底裏持自然主義與人文精神心態的基督徒也在所多有。對於他們而言，除非是在生活裏遇上特別嚴重的事故、無法克服的困難，才會揑碎其不自覺但根深蒂固的自信心，願意開口向上帝懇求援助。在一般的情況下，爲日常生活的需用祈求上帝並非他們自然的信仰表達。所以，針對著這些基督徒，我才會强調，向上帝祈求也是一個信仰及倫理上的外在要求。

基督徒必須養成習慣，在凡事上向上帝祈求。在物質供應豐富、外在環境亦經嚴格控制的都市裏，表面上看每樣基本的生活需用都不匱乏，也可以計劃及預期（我們甚少爲下一頓飯之是否有著落而憂慮，反正家有存糧），但我們仍得在上帝跟前提說這些需求，希望祂按時供應；而對於那些日常的任務（例如每天的工作），雖然我們似乎有足夠的知識和經驗來愉快勝任，即使出現若干麻煩亦應付裕餘（害病就看醫生、房子破了便找人修補……），但我們仍謙卑地在上帝跟前提說這些事項，希望祂介入援助。

承認上帝的主權

將一切預期獲得供應的「每天所需的食物」，及自恃有能力解決的困難，藉祈求而呈獻在上帝跟前，有兩個重要的意義：其一、我們在祈求中、也藉著我們祈求的行動，承認上帝是我們生命的主，祂在凡事上有過問的權力。我們邀請祂參與原來自以爲屬自己的知識與經驗所管轄的勢力範圍，尋求祂的指引和幫助。就連生活中的一衣一食，我們也不敢妄自尊大、按己意來自行籌措，卻是祈求上帝按祂的心意來供應及安排。上帝是我們的主，祂是我們每天所需的食物的主。

培養對上帝的依賴感

其二、我們在祈求中，也提醒自己並不是一切生活需用穩妥的供應者。即使我們努力工作，賺取足夠的生活之資，可以衣食無缺；但卻知道，必須靠賴上帝賜給智慧與才幹，以及健康的身體與平穩的環境，才使上述的己力得以發揮作用。個人努力也許是生活需用得到滿足的必要因素，但總不是充分因素。在爲自己最瑣碎微細的需用向上帝祈求時，我們培養一個依賴的心態，學習過凡事仰賴上帝的生活。

我再強調說：基督徒必須爲生活裏待有的東西向上帝祈求，這是克勝自然主義與人文精神的餘毒的最佳操練，故亦是信仰與倫理上的一個外在要求。

■

爲已有的感恩

耶穌教導我們爲日用飲食祈求的第二個、也可以說是延伸性的訓言是：爲已有的感恩。

要是我們認定，個人力量並不是生活需用得到供應的充分因素，則便表示惟有藉著上帝的恩典，才使這不充分變爲充分。上帝的恩典是我們賴以存活下去的眞正原因，我們活在上帝的恩典中。

基督徒恆常說向上帝謝恩，但上帝的恩典究竟在哪裏，一時間卻又不容易辨別出來。有時我們把上帝的恩典說得太抽象，例如爲其實並不很由衷感激的「生命氣息」感謝上帝；有時則又說得太特殊，彷彿惟有遇上重病得治、困厄得解、山窮水盡轉化成柳暗花明等神蹟性的事件，才好說是上帝的恩典。於是乎，感恩或成了泛泛之論，或成了非常時期非常事件的非常感受。

聖經裏記述的感恩事例可不是這樣的。試看下面一段對上帝感戴的詩篇：

祢眷顧大地，曾降甘霖，
使地甚爲肥沃；
上帝的河滿了水，
好爲人預備五穀；
祢就這樣預備了大地。
祢灌漑地的犁溝，潤平犁脊，
又降雨露使地鬆軟，
並且賜福給地上所生長的。（詩六十五9～10）

我們可以想像，詩人在一年到頭辛勤工作，墾植耕作、拔草灌漑之後，觀看用血汗換取回來的收成，就是那遍地金黃的穀場時，心中泛起的欣悅之情；他指著這些心愛的東西，又是關乎生活基本需用的東西，向上帝表達出真切的讚美和感謝。上帝實在恩典浩大。

上帝的恩典在哪裏？嚴格地說，當然是無所不在、處處都在，就連一根頭髮未曾掉下來，也還是祂的保守所致。但是，除非我們的屬靈觸覺敏銳至這樣的地步，真的可以每地皆發現上帝的恩典、每時皆被上帝的恩典所激動；否則，最佳的發現恩典與表達感恩的方法，還是在我們朝夕思念、心中愛慕，也至關重要的事物上，確認上帝曾有所作爲，然後以自然流露的欣悅之情來感恩。這是我們對上帝最眞誠的感恩。

昔日以色列人把五穀、新酒和油等生活基本需用捧出來，在收割後擧行盛會，載歌載舞地向上帝感恩；今天我們可以觀賞著自己多年攢回來的房子、車子、艱苦經營而又有小成的事業，或是日漸成長的子女，在沾沾自喜、顧盼自豪中，向上帝的大德發出讚歎，他（它）們是我們生命中滿載上帝恩典的證據，也是我們活在上帝的恩典裏的證據。

我們爲甚麼在每次進食前都謝飯？因爲這時是我們對自身的需要、對外物的愛慕、對上帝的恩典最敏感的其中一個時刻。不管我們在過去曾吃了多少頓飯，對飯菜的味道有多熟稔，每次當腹如雷鳴時，對食物的思慕便都是眞實又强烈的，於是面對著擺在我們桌上的飯菜，思念及上帝又再憐恤這個脆弱的我（才幾個鐘頭便又飢餓難耐了），供應我迫切期待的需用，心中便充滿著感恩，謝飯也成了最自然不過的行爲——我不知道以上所寫的是否你的感受，但對恆常饞嘴的我，這是絕無誇張的寫照。

基督徒爲日用飲食向上帝祈求，認信他在每天享用的那些基本又必需的東西，是上帝對他的供應，他活在上帝的恩典之中。一切惟獨恩典。

「我們每天所需的食物，求祢今天賜給我們。」在這樣的祈禱聲中，我們把信仰與生活緊緊地糅合在一起，教上帝的作爲立定在生活中最平凡庸俗的事物上；我們在此學習過一個凡事倚靠上帝、也凡事感恩的生活。

第19章

與神和好、與人和好

赦免我們的罪，
好像我們饒恕了得罪我們的人。

■

關係性的善與惡

人不單有物質上的需要，也有關係上的需要。人是社會性的動物。

人需要別人，需要活在羣體之中；並且惟有活在羣體裏，他才能在弱肉強食的自然界獲得生存機會，而社會、歷史及文化，也統統是在羣體中建立起來的。

關係性的道德

嚴格地說，並無「個人道德」這回事，一切倫理價值，均是在羣體生活中建立的，也僅是在羣體關係裏才顯出其價值的所在。單一個人，如何成爲溫柔或謙卑的人呢？我們不會說善待自己（對己溫柔）的人便是溫柔的人，也不會說自量或自卑便是謙卑的一個面相，因爲善待自己與對人溫柔、自卑與謙卑，是截然不同的兩碼子事兒。

人本來就會善待自己，也會看重自己的。除非人在過去或現在的人際關係裏（包括成長階段被父母苦待）出了問題，又或者爲了追求某個更高的理想價值，否則他根本不會故意苦待自己，也不會有自我形象低落的情況。善待自己是人與生俱來的本能，毋須後天學習的。這是爲甚麼不論是中國儒家或基督教的倫理教導裏，均有一條黃金律：人怎樣對待自己（或不喜歡被人怎樣對待），就該怎樣待人（或就不好怎樣待人）。「待己」於此成了「待人」的標準。我們先假設了人必然善待自己，才會要求人也按同一標準來對待別人。善待自己是不用學習的，善待他人才要；前者是本能，不是德行，後者是經後天學習及努力得來的，故才是德行。倫理價值是在羣體生活中樹立的（「倫」就是關係），一個人惟有活在羣體中，才能踐仁盡義，成就道德價值。

關係性的罪惡

但與此同時，惟有是在人際關係裏，人的罪惡才算是眞正的罪惡；並無所謂「個人罪惡」這回事。一切不義罪行，均是在羣體生活中犯下的，也僅是在羣體關係裏才突顯出罪惡的所在。

荀子在二千年前便已指出這樣的事實：人的本能傾向，總是好逸惡勞、喜易畏難、趨吉避凶的，這其實沒有甚麼不對；因爲若不是人人害怕痛苦與困難，又設法減少痛苦、去除困難，文明便不會進步，整個人種甚至也無法存活下去了。不過，好逸惡勞、貪多慕得等個人本能，若表現在羣體生活裏，便顯出其惡的價值了。舉例說，要是所有人都不願意承擔艱巨的責任，期望別人代其擔負，工作便無法完成；若是所有人都渴望獲得最大的好處，甚或佔他人的便宜來自利，那人際關係的衝突，自亦不可避免。所以，是在羣居生活裏，人的自私自利的本能才成爲罪惡，必須予以抑制消滅，荀子於是便宣揚道德在羣體中的價值。他指出一切道德價值均是後天學習、並經個人努力克制其本性傾向後，才得回來的，故都是人爲（善「僞」）的。

無論是道德抑或罪惡，都是在羣體關係中才表現出來。道德價值是關係性的，罪惡也是關係性的。

■

人神關係與人際關係

同樣地，基督教視道德與罪惡爲關係性過於實體性的，故亦只是在關係中才得以彰顯。不過，與儒家學說不同的是，我們視人際關係中的道德與罪惡爲衍生性、第二義的，完全取決於人與上帝的關係。人與上帝的關係出了岔子，人際關係才存在著各樣的矛盾紛爭；而惟有人與上帝的關係得修補了，人際關係方有復和的基礎和可能性。

罪惡破壞人神關係與人際關係

上帝創造人，將自由意志賜給他，讓他有能力與上帝溝通，旨在使他過一個回應上帝(responsive)、又向上帝負責任(responsible)的生活。從聖經的角度看，眞正的善(good)是尊奉上帝爲上帝、聽從祂的命令，過一個合乎祂心意的生活；而不是妄自逕作，憑一己智慧或偏好來判別善惡、定奪是非。因爲事實上並不存在獨立於上帝之外的善惡標準，宇宙間（包括宇宙的客觀規律，所謂「天理」）沒有這樣的善惡標準，人心裏亦付闕如。要是人企圖在上帝之外，另定道德標準、自行判別善惡，那他就是意欲模仿上帝，成爲他自己的「上帝」，將原屬於上帝的權柄據爲己有。這樣做，便是對上帝的悖逆，罪也是由此而產生的（參創三4）。

道德是在關係上順從上帝，而罪惡則是對人神關係的破壞。

自從始祖犯罪以後，人與上帝原初的關係便遭到破壞，人不再以上帝的旨意來自限其本能欲望，反倒恣意伸張欲望，妄圖成爲無限的上帝。人與上帝的關係被罪破壞後，罪惡亦被引進人際關係中。人際間第一樁不和諧的事件是亞當與夏娃在犯罪後彼此推搪責任（創三12～13）；第一件嚴重的謀殺案則在亞當悖逆上帝這個「元罪」(primal sin)後不久便發生了（四1～8）。

上帝修補關係的努力

上帝並沒有因人的悖逆而撇棄人，一直努力修補人神關係的裂縫。祂多次與人立約，在約裏訂規了雙方的權利和責任，希望藉著約的約束力使人不再自我「神化」，走上正途；又藉著人對約的遵行，而重建人神關係與人際關係。在舊約時代，人神間最重要的立約是上帝藉摩西頒布的十誡及衆律法，那裏不單就人對上帝的義務作出了種種規定，也對人際關係中應有的相互責任做了全面的闡發。耶穌基督曾將舊約律法總結爲「全心、全性、全意、全力，愛主你的上帝」及「要愛人如己」兩項（可十二29～30），充分說明了人神關係與人際關係的相互關連性；它們同爲上帝對人的信仰與道德最重要的要求。

由於人始終無法突破罪的權勢的轄制，亦難以清繳因悖逆上帝而累積的罪債，故舊約律法的頒布，以至上帝多番差遣先知所作的提醒示警，都未能達到關係重建的目標；於是乎上帝乃親自降臨人間，一方面承擔了人的罪孽，藉著耶穌的死一次過清償所有的罪債；另方面也招聚人與耶穌的生命連結，偕同祂死亡與復活，好使他們從罪的權勢中得著釋放。耶穌基督成了人神關係復和、人際關係眞正重建的契機。

保羅在以弗所書二章11至22節，曾詳細地描述了耶穌基督重建人神關係與人際關係的救贖工程。祂先廢掉人與上帝間的冤仇，使人與上帝復和，成爲一體；然後又拆毀人與人間建造的宗教、社會和文化的樊籬，成就了和平，使人得以彼此和好。十字架拯救的不僅是垂直的人神關係，也是水平的人際關係。

作爲基督徒的我們，不僅要與上帝建立和好的關係，重新學習對祂順服信靠，遵照祂的心意而活；也要成爲一個和平之子，與人修和，並且使和睦更多地帶入這個充滿仇恨與紛爭的世界裏。

人際關係的新布局

基督徒該如何藉與上帝關係的復和來修和人際關係？

簡單地說，我們必須遵行耶穌基督的教訓，按著祂爲人際關係設定的新標準而活。

耶穌基督就人對別人及自己的價值判斷、對待人的態度，以及人際關係的相處方式，做了徹底而全面的教導。這是一個對人際關係嶄新且具革命性的布局，其激烈的程度不獨惹來當時期法利賽人等的非議，就連祂的門徒也覺著不可思議。

對人的評價

第一，祂首先要求我們無條件地肯定人的價值，不按其身分、職業與所作所爲來判定之，更不可就他從前所犯的罪而將之一棍打死、蓋棺論定。不管人犯了甚麼錯，其本身仍總是上帝所創造和珍惜的；並且，要是上帝願意拯救他，他還是可以認罪悔改、回頭是岸。因是之故，耶穌收納了許多爲當時的人所棄絕的稅吏、妓女等人爲朋友及門徒。祂宣告:「我來不是要召義人,而是要召罪人悔改。」(路五32)

對自己的評價

其次，祂也同時要求我們誠實地重估自己，剝去文化知識與社會地位的外衣，照見內心污穢的本相，從而去掉虛僞的道德自信，拉近「道德的自己」與「不道德的別人」之間的距離。「爲甚麼看得見你弟兄眼中的木屑，卻想不到自己眼中的梁木呢？」（路六41）惟有我們確定自己眞的無罪，才好理直氣壯地指斥別人的犯罪（約八7）。無論如何，假冒爲善（僞善）是最可惡的罪，也最破壞人與人間的關係。

學效上帝待人的態度

第三，由於我們誠實地發現個人生命深處的鄙陋，知道自己不過是罪人，需要上帝的寬赦；那麼，我們就用相同的標準來對待別人。我們既然體會無人可以靠己力踐仁盡義，滿足道德的外在內在要求，必須在恩典、接納與寬赦之下生活；我們便肯定恩典、接納與寬赦是人活得下去、能悔改歸回的必要元素；我們也對人持這樣的態度，好使他們也在我們面前活得下去。「因爲上帝自己也寬待忘恩的和惡人，你們要仁慈像你們的父仁慈一樣。」（路六35～36）

《主禱文》在這裏的禱辭：「赦免我們的罪，好像我們饒恕了得罪我們的人」，便是用了正面的陳述方式，來重申耶穌多次提及的道理：「如果你們各人不從心裏饒恕你的弟兄，我的天父也必這樣待你們。」（太十八35）「你們站著禱告的時候，如果有誰得罪了你們，就該饒恕他，好使你們的天父也饒恕你們的過犯。」（可十一25）我們用自己的景況來理解別人的景況，用神人關係來規限人際關係。

人際相處的方式

第四，倘若我們不再按人間的標準來論定人，便也不應用人間的待人方法來維繫人際關係。新的遊戲規則已經訂立，尤其須應用在基督徒的羣體生活之內：「誰想在你們中間爲大的，就要作你們的僕役，誰想在你們中間爲首的，就要作大家的奴僕。」（可十43～44）因為我們的主是以奴僕的形式來到世上，謙卑地服事我們，祂甚至甘願屈膝為門徒洗腳，好作我們的榜樣（約十三14～15）；故服事而非轄制、為僕而非為主，便成了我們待人處事的必要態度。我們除掉昔日導致人際關係矛盾與衝突的各種因素：自高自大、自私自利，以至「一切苛刻、惱怒、暴戾、嚷鬧、毀謗，連同一切的惡毒」；並用新的方式來行事：「互相友愛，存溫柔的心，彼此饒恕，就像上帝在基督裏饒恕了你們一樣。」（弗四31～32）

■

基督的標準

這樣說來，是否表示基督徒只要按照耶穌基督設定的標準與方法來做，人際關係便徹底恢復至和諧無間、完全無缺的地步呢？答案是：不然！

我們按基督設定的人際關係的新布局來生活，但與此同時，我們卻又發現遵行這些教訓的不可能性。

難以達到的標準

在福音書裏，耶穌曾將舊約的律法要求大幅度的簡化，撤除了種種在日後發展至僅有外在儀節的空洞規條，然後再突顯律法背後的精神和意義。祂指出：安息日是為人而設的，目的在使人得到休息的機會，並且專心敬拜上帝，卻不是為了增添人的麻煩，在生活中布下重重禁忌與限制；故此在安息日為人治病當然是容許的，甚至摘麥穗充飢也沒有甚麼不對。祂也申斥那些鑽律法的牛角尖的法利賽人，滿以爲謹守律法至吹毛求疵的地步，便可討上帝的喜悅，卻本末倒置，追逐末節而失其大體，把律法最關鍵的要求：「公義和愛上帝的事」（路十一42）忘記了。耶穌基督將律法總結爲愛上帝與愛鄰舍兩大誡命，更是此種削除褥節、突顯精髓，化繁就簡的行動的最佳說明。

但是，耶穌將恪守律法的重點由遵守外在條文轉移到體現內在精神，其實是將恪守律法的難度大大提高了。因爲一切律法就條文言，都是法律性的，只要求人的行爲的低限；但律法背後的精神卻是信仰性及道德性的，樹立的是最高的標準。法律只能禁止人掠奪別人的財富，道德卻要求人布施自己的財富給有需要的人；法律要求人奉公守法，不作明文禁止的壞事，道德要求人按本心而行，做個人義務以外沒有上限的好事。兩者差異之大，可以想見。

確實地，若我們按照字面的解釋，謹守「不可殺人」的誡命，是沒有多大的困難的，反正在太平的日子，犯上謀殺大罪的人可是極少數。但是，要是我們聽從耶穌的吩咐，把此誡命理解爲須存愛和寬容的心，故連心中對人的恨意也在禁止之列，則便很難有人逃出罪網了。同樣地，要在行動上做到「不可姦淫」是比較容易的，但若要求我們連心中的綺念邪思亦剔除淨盡，則未免強人所難、與人的本性相違了。怪不得當門徒聽到耶穌的信仰及倫理要求後，都瞠目結舌，問道：「這樣，誰可以得救呢？」（可十26）

恩典使不可能變成可能

要是耶穌對人際關係的要求是人無法達到的，那祂爲甚麼還要指出來呢？對我們而言，又有甚麼意義？

耶穌對那些懷疑祂的信仰要求能否達到的人，作了如下的回應：「在人不能，在上帝卻不然，因爲在上帝凡事都能。」（可十27）這個答覆，道出了踐行基督對人際關係的教訓的祕訣。

耶穌將舊約律法的要求，由法律層次提升至道德層次，不僅要求我們恪守外在行爲上的低限，更期望我們臻達內在精神的高限；故此，我們就不應將祂的教訓再用律法主義的角度來理解，把其視作一大堆外在的行爲規範，否則便扭曲了耶穌革命性的倫理要求，使新約的福音淪爲舊約的律法。要是我們這樣做，則便把耶穌的教訓僵化成更可怖的律法，因爲它連人的內心也要管制，連一絲兒的邪念妄想亦不容許呢！

福音之爲福音，端在於它是上帝的恩典。故我們不能抽離上帝的作爲（恩典）來看人的作爲（倫理要求）。耶穌絕非冷酷無情地命令我們無條件的寬恕別人的過犯，不論別人對我們傷害過多少次（七十個七次），也不理傷害的程度有多深，總而言之就得全盤嚥下去、統統予以赦免；要不這樣做，祂便將追討我們的心胸偏狹、凡事計較的罪。上帝若是如此要求，便實在太無理取鬧了。再說，一個如斯無情的上帝如何要求人有情？一個苛刻的上帝怎能使人有憐憫的心？這不是自相矛盾了嗎？

眞實的情況是：耶穌先讓我們看到上帝的可能性（這不僅是可能，而是現實！），才教我們發現人的可能性。

第一，我們眞切經歷到接納與愛的可能性與重要性：基督徒深切體會到上帝對自己那不可能的寬恕，祂曾如何寬宏大量地豁免我們一切的過犯，並在十字架上顯露了對人無條件的接納和愛。我們在這個教人震慄、難以置信的恩典裏，一方面洞悉到愛和接納對於我們的悔改轉回的關鍵意義，另方面又認識到沒有任何別人對自己的欠債比得上我們對上帝的欠債，於是乎便自然地對人產生同情接納的心，願意忍受別人對我們的傷害，爲他們之能幡然悔悟，付出犧牲個人利益的代價。

我們先經歷上帝的恩典，才向別人施以恩典；先在上帝的恩典裏被改造成有恩慈(gracious)的人，然後自然地、不作難地恩待別人。

第二，我們敢於面對自己的不足，敢於對自己有更大的要求：我們在上帝的無限恩典裏，層層發掘內心的罪惡本相，那是深深埋藏在自己那奉公守法、循規蹈矩的外表背後的。因著上帝的預先接納，我們敢於將心裏的黑暗面（包括對人的惱恨、對異性的邪念）暴露出來，坦然向上帝承認這也是「我」的眞實部分。因著上帝的不斷期望，我們未敢爲自己在行爲上達到不殺人、不行姦淫而得志意滿，知道尚有太多改善的餘地，更多有待攻克的舊我。我們努力改善自己的人際關係，努力在關係中踐行基督的標準，努力達到言行一致、誠實無僞的地步。

第三，我們敢在多次的失敗下繼續嘗試，繼續對自己有所要求：我們認定，是上帝的恩典與接納、而非我們之果能達到目標，使我們蒙上帝的悅納。如此，也是上帝的不斷鼓勵與期待，而非我們自忖有望達到理想，教我們敢於犯難、不斷對自己有更嚴謹更苛刻的要求，包括饒恕別人七十個七次。

是上帝的恩典，使人的行爲成爲可能；是上帝主動復和了人神關係，使人際關係的和好成了可能做又必須做的任務。

謙卑的祈求

「赦免我們的罪，好像我們饒恕了得罪我們的人。」這是耶穌教導我們所做的一個謙卑的祈禱。

我們千萬不可誤會，以爲上帝之所以赦免我們的罪，端在於我們曾赦免別人，更不要以爲人對別人的赦免足以成爲要求上帝赦免的交換條件。要是這樣，那我們便是藉赦免別人而積累功德，換取救恩，靠賴行爲得救了。我們知道，先是上帝在耶穌基督裏無條件地赦免我們，我們才有赦免別人的能力和責任。先是上帝的作爲，才要求人有相應的行爲以爲回應。故此，倘若「我們饒恕了得罪我們的人」，那並非是爲了博取上帝「赦免我們的罪」的緣故，而僅是向上帝表白我們感恩圖報，立志聽從祂要我們赦免別人的罪的命令。我們告訴上帝：祢所吩咐的，我們已（至少部分地、或在若干事件上）做到了。

然而，謙卑的我們，既知道我們在今天、明天還有許多隱而未現的罪，有待上帝赦免；又不敢作大自恃地認定上帝必須赦免我們（若赦免是上帝的恩典，那就不會有任何必然性的成分，上帝原沒有赦免我們的義務），故只得向祂懇求說：「赦免我們的罪……」我們憑著信心知道上帝說會按著祂的應許赦免我們，但卻又知道「主若願意」永遠是不能被取締掉的條件片語，故只得卑微地向祂祈求：「赦免我們的罪……」

因此，整句的禱文應該是：「主，我們已確知祢在過去無條件地赦免了我們的罪，並且正是因著祢先赦免了我們，才教我們感恩圖報地順從祢的命令，去赦免那些得罪我們的人。如今，我們敢向祢懇求：求祢再次赦免我們的罪……」

一個謙卑者的禱告。

第20章

倚靠聖靈、克勝試探

不要讓我們陷入試探，
救我們脫離那惡者。

■

活在兩個層面裏

基督徒憑著信心，知道眞實世界並不拘限在他的肉眼所能及的物質世界，在物質世界背後，尙有一個屬靈的世界存在；而這兩個世界並非互不相干，卻是緊密相連的。

我們如今在度塵世的日子，也同時在走天路。我們不單在做這個那個的抉擇，影響著現世的因果序列；也同時因鑑著來世與永生來做此生的信仰的抉擇，知道現世所做的一切，將來必被計算。故此，是基督信仰將屬靈與屬世、今生與來世兩個不同的層面(horizons)連合(infusing)在一起了，我們是同屬兩個層面的人。

在面對人生各樣的遭遇、在做各樣的信仰或道德抉擇時，我們知道在人爲的因素之外，尚存在著屬靈的因素。屬靈因素既包括了上帝的命定與安排、聖靈的內在保守與引導；又牽涉撒但的誘惑與試探，及祂對我們肉身與心靈的攻擊。

有關上帝的因素前面已談了不少，這裏專注討論撒但的作爲。（本章部分資料，採自許立中、梁家麟、吳思源合著：《信仰答客問》〔香港：基道出版社，1995〕，頁45～49。）

撒但的作爲

基督教不是一個相信善惡二元論的宗教，卻主張嚴謹的一神信仰。所以，撒但（或稱「魔鬼」，《主禱文》稱「惡者」）並非獨立於上帝之外、另一個自有永有的實體，更不是任何事物（包括罪惡在內，注意罪惡不是實體性的）的根源；他只是不折不扣的受造物，是上帝創造的天使中因悖逆祂以致墮落了的靈體。所以說，聖經裏的撒但並沒有許多人口中傳講的擁有那樣大的權力。

舊約聖經甚少將撒但和上帝對立，視爲善與惡的分別源頭。罪惡或苦難的存在不能完全歸咎到撒但頭上，並說與上帝無關；要不是上帝容許甚或主動指使，撒但就根本沒有施爲的餘地。撒但作爲「敵對者」（「撒但」一名的含義），主要不是與上帝作對，而是與人作對；他常站在上帝跟前，指控人的罪行，並要求上帝懲治人（亞三1及下；另伯一6～12）。

及至兩約中間時期，撒但才逐漸被確立爲罪惡的化身，且是人犯罪的其中一個誘因。而在新約聖經裏，撒但作爲誘惑者的觀念，便得到較清晰的說明。他不再被看成孤立的個體，卻是有衆多鬼供其差遣的「鬼王」（可三22～23）；他是各種外邦異教所膜拜的對象背後的實體，旨在誘惑人遠離眞神、敬拜偶像（林前十20～21；提前四1；啟九20）。對基督徒而言，撒但的其中一個負面的作爲是誘惑他們，教他們偏離眞道（約壹四1～6）、離棄上帝。

値得注意的是，新約作者仍秉承舊約一貫地不重視撒但的傳統，從未誇大他的能力的作用。無疑保羅曾以「掌權的」和「有能的」來形容撒但；惟是在提到撒但的作爲時，毫無例外地，他總是指出基督徒可以靠著聖靈的幫助來戰勝之，也沒有任何致命的邪惡力量，足以使我們與基督的愛隔絕（羅八38～39；林前十五24；西二8～15）。就算是在末世，撒但差遣敵基督來到人間，迷惑信徒（帖後二3～12；太二十五41；啟十三17，二十10）；但是，由於上帝的兒子顯現出來，是「要除滅魔鬼的作爲」（約壹三8），祂已「藉著死，消滅那掌握死權的魔鬼」（來二14）；故此，撒但不是即將被打敗、或會被打敗，而是已被打敗。雖然上帝尚未捆綁他，禁止他的破壞性行爲，但作爲上帝兒女的我們，卻完全不用憂慮會否爲撒但擄去；只要我們披戴屬靈的軍裝，堅決抵抗外在的引誘，便可以將基督在十字架上克勝撒但的既成事實，再一次兌現在生命中。撒但不錯如同吼叫的獅子，遍地游行（彼前五8），但在我們的奮力抵抗下，卻必然離開逃跑了（雅四7）。

以上的聖經教訓，揭示了有關撒但的作爲的兩個事實：第一、聖經從來沒有將撒但高抬至獨立於上帝之外，有完全自主、獨立作爲的權力；撒但只是受造物，活在上帝充分的駕馭之下。上帝仍掌管一切，包括宇宙萬物、以至我們的屬靈生命。第二、撒但並無對基督徒的絕對主宰權。他或是在上帝跟前指控人、或是直接誘惑人犯罪、或是爲人帶來禍患，甚或傷害人的肉體、爲人帶來噩運；但是，總仍沒有轄制人的思想和意志，教他不能不犯罪的權力。基督徒若真誠信奉基督爲主，遵行聖經的教訓，且順從聖靈在內心的引導，就不可能（注意：是連可能性也沒有！）被撒但擄去，被逼犯下一些他本不願意犯的罪行來。

■

警覺撒但的引誘

那基督徒當如何面對撒但及其可能的作爲呢？

首先，基督徒必須知道撒但的存在、警覺他可能對人發動的攻擊，及隨時準備抵抗來自他的引誘。

正如在章首所云，我們活在兩個層面、兩個世界之中，現實生活同時是一場屬靈的戰爭，是對我們的信心的考驗。我們得在生活中面對各樣或大或小的試驗，並作出「信」或「不信」的抉擇；我們要在具體的人和事裏，識別出何者爲合宜的態度和做法，何者爲上帝旨意之所在，何者最能榮耀上帝、討祂的喜悅。生活是實現或否證我們信仰的惟一場景，成敗存亡，俱在於此。

於是乎，我們必須敬虔度日，「恐懼戰兢的作成自己的救恩」（腓二12）。在那怕是最世俗的事情上，我們都要用信仰的角度（所謂「屬靈的眼光」）來詮釋之，好判別其是否與屬靈的事物相關，又該有怎樣的屬靈意義。我們認定，並無本然上的屬靈與屬世的事物的分野，一切端取決於我們對待此等事物的態度。要是我們視每日的工作、乃至日常生活的起居飲食等世俗活動為榮耀上帝的途徑，那它們便成了最神聖的任務；但要是我們把教會裏的事工看成爲爭名奪利、榮耀自己的手段，則再神聖的事工也會淪爲屬世的把戲。神聖的事物可以淪爲世俗，世俗的事物亦可被賦予神聖的意義。

要是撒但存在的其中一個目的在誘惑信徒，離棄眞道；那我們所在的任何時刻、任何場景，所面對的任何人或事，便都可以成爲他施爲作惡的切入點了。他可以裝扮成光明的天使，附著於那怕是再神聖的人或事之上，然後用貌似神聖的方法，來誘惑我們失足跌倒。例如使徒彼得才認出耶穌是基督、是永生上帝的兒子，且被耶穌誇讚他爲有福的，便立即因著他勸阻耶穌接受苦難與死亡的緣故，而被耶穌叱罵說：「撒但！退到我後面去！你是絆倒我的，因爲你不思念上帝的事，只思念人的事。」（太十六23）被稱爲有福的彼得竟然迅即變成撒但的工具，撒但的施爲眞可說是無所不用其極、教人防不勝防了。

撒但若果能有千百個化身，那基督徒該怎麼辦？如何得著屬靈的「法眼」，好將之識別出來呢？答案是：毋須予以識別。我們要識別的是撒但的「作爲」，而非撒但的「化身」。事實上，狡猾的撒但能夠在日常生活中以各種面貌向我們顯現，其可能性無窮無盡，幾乎沒有倖免的：他可以附著於我們的父母、配偶、親友、牧師，或任何一個人身上；並且，他也毋須用固定的形式，可以在這一刻使用某甲來引誘我們，在另一刻則便跳到某乙那裏。總之，你若刻意尋找他，就好像夸父逐日，至死亦無法將之逮住。但是，萬變不離其宗，善變的撒但究極地只有一個目的，便是誘惑信徒偏離上帝的眞道、按私意而不按眞理行事，教我們動搖對上帝的信心、失掉對上帝的盼望，及沖淡對上帝的摯愛。因此，只要我們更多更好地認識上帝、認識祂的一貫而顯明的眞理（聖經），也認識祂在個別事情上的特殊旨意，便可識別出哪個想法、主張、規勸或作爲，其實是撒但的技倆。正如耶穌說，撒但不會自相紛爭，否則他的國無法站立得住（路十一18），他總不會作出一些違逆其本性與存在目標的事；若是使基督得榮耀、彰顯上帝能力與美善的，就不會是屬撒但的，反之亦然（路十一23，又九50；太十二30）。

我們必須警覺撒但的存在，及其無孔不入的試探，但是，卻不用猜想他以何種面貌向我們顯現。保羅給我們的建議是：「所以弟兄們，你們要站立得穩；你們所領受的教訓，無論是我們口傳的，或是信上寫的，都要持守。」（帖後二15）約翰的建議則是：「總要把起初所聽見的存記在你們心裏；你們若把起初所聽見的存記在心裏，你們也就住在子和父裏面了。」（約壹二24）站穩在聖經的眞道中，拒絕輕信各色各樣炫人眼目的新觀念新主張，便是敵擋撒但的迷惑的最佳方法。更多認識眞理，較比試圖認識撒但的本相，更爲便捷穩當。

倚賴聖靈的保護

聖經雖云沒有誇大撒但的作爲，强調其仍在上帝的監控並容許之下；但是，卻亦指出僅有血肉之軀的人是無法赤手空拳的擊潰撒但的。我們只能仰賴聖靈的幫助，由祂代我們去克勝撒但的侵擾。

不管是耶穌抑或其使徒，均沒有要求或鼓勵我們正面與撒但相對抗，沒有說由於我們已擁有聖靈的同在及能力，便可以參與這場屬靈戰爭，站在前線與撒但交鋒。撒但再不濟，還是比我們有力得多，我們眞要主動迎上前去，後果將是自行送命吧。基督教不是道教或其他民間宗教，並不相信有任何人在「得道」以後，可以上通天界，獲取超乎凡人的法力，呼風喚雨、驅魔趕鬼、大殺四方。再屬靈的人仍不過是凡人，沒有因著其與上帝的關係密切了，便被灌注特殊的能力，敎鬼魔退避三舍，聞風而遁。無疑醫病趕鬼是耶穌基督在世時的重要職事，祂也將此等職事交付信徒，成爲傳福音此大使命的屬靈輔助；但是，基督徒卻沒有因此便擁有本然的醫病趕鬼的能力，他們只能奉耶穌基督之名、靠賴祂在十字架上戰勝撒但的權勢，來完成此屬靈職事。能力的源頭在上帝那裏，人不是長久地或必然地保有之，故成功與否，一方面是事件性的，另方面也端在於上帝的應允禱告與人的信心。我們可以憑信心認定，靠著基督的名必能得勝，但卻不能自恃擁有此特殊靈力與恩賜，只要出馬，便一定馬到功成。

保羅在以弗所書六章10至17節用了頗長的篇幅來敎導信

徒如何對付撒但。他勸勉信徒必須穿戴上帝所賜的全副軍裝，方能成功抵抗撒但的詭計。因為我們面對的是一場屬靈戰爭，對抗的不是有血有肉的人，卻是超自然的邪惡力量，故此靠自己的能力肯定是沒用的；惟有在上帝的幫助下，倚靠祂的大能大力，方能抵擋得住撒但的攻擊，不讓其計得逞。值得注意的是：在這裏保羅只強調信徒若有上帝幫助，便將「抵擋得住……還能站立得穩」（13節），所用的字眼是防禦性而非攻擊性的，就是說，我們只是抵擋撒但的攻擊，而不是揮軍直進，搗毀其老巢。此外，他所列舉的上帝軍裝，包括眞理、公義、和平、信心、救恩等，均屬防禦性的裝備，惟一的攻擊性武器是上帝的道，箇中亦未提到任何藉祈禱禁食而得的驅魔法力。可以見出，我們並沒有被上帝授予徹底打敗撒但的權柄和能力，我們在現世要作的，是倚賴上帝的幫助，站穩在眞理之中，抵抗來自撒但的進襲。保羅在帖撒羅尼迦後書二章8節提到，撒但的最終被消滅，是要在基督再來之時，那時，「主耶穌要用自己口中的氣除掉他，以自己再來所顯現的光輝消滅他。」我們只能引頸以待此日子的到臨。

事實上，基督徒甚少會與撒但作正面對抗的。在絕大多數的情況下，撒但只是藉著他的作為，間接與我們接觸。譬如說他會用各種異端邪說迷惑門徒，教他們偏棄眞道；他會借助現世各樣的名利肉欲，引誘信徒失足；他或會利用人性的軟弱，藉某些事故在教會裏引起爭端，破壞信徒合一、妨礙福音事工的推展；他更可能會運用自然力量，譬如天氣、災難、疾病等，造成種種不如意的事，消蝕信徒對上帝的信心。所以，我們並不眞箇碰著撒但，與他正面交鋒，卻是在各樣攻擊、困難、障礙、試探來臨時，憑著聖靈所賜的智慧和能力，一一予以克服化解。無論如何，謹守眞道、堅持到底是最關鍵性的。

耶穌教導我們的禱告：「不要讓我們陷入試探，救我們脫離那惡者」，正是說明了屬靈戰爭只能倚靠屬靈力量才得克勝。我們千萬不可狂妄自恃，以爲有足夠力量抵擋任何試探，甚至故意將自己陷入罪惡的試探中，藉此炫耀自己的定力與靈力；卻必須步步爲營，信靠上帝，站穩在眞理中。特別必須順服聖靈在內心的提醒，遇上罪惡誘惑便該立即撤離，別讓聖靈擔憂。

■

過負責任的生活

最後，我們討論一下屬靈因素與人的責任的相互關係問題。若說現世所有事物除卻人爲的因素，尙存在著屬靈的因素，那這兩種因素孰輕孰重呢？屬靈因素會否具有壓倒性的支配力量，教一切人爲因素變得相對地不重要呢？譬如說，要是上帝預先命定人生的所有遭遇、且編撰好所有故事的結局，但我們今天的奮鬥，可尙有任何的價值嗎？我們的命運若不由自身主宰決定，則成敗得失便與一己的努力無關，我們尙須爲所得所失負上責任嗎？返回撒但試探的課題，要是我們在生活裏遭遇的種種試探與磨難，均可能是由撒但一手促成的，而此等屬靈的邪惡力量又非靠己力能勝，必待上帝親自的搭救援助才成；那麼，我們之失足跌倒，便旣是撒但施爲的結果，又是上帝沒有及時援手所致，我們可毋須對此負責呢！這個想法對或不對？

基督徒犯錯，可以完全歸咎撒但的引誘嗎？答案顯然是不可以的。

正如我在前面已指出過，撒但並無對基督徒的絕對主宰權，他不能轄制人的思想和意志，教他不能不犯罪。因此，撒但之於人的犯罪，最多只是個偶然的因素（連必然因素也及不上），絕不可能是充分的因素。

我們無疑要拒絕唯物主義及自然主義之將眞實世界壓縮在物質世界的層面的思想，但同時也必須反對泛神論式的超自然主義。我們不能無限誇大撒但的能力，視其遍在於宇宙萬物之上，且成爲一切事物變化的終極解釋。只有一個上帝。在我們宣認上帝爲獨一眞神之時，便已把世界解除魔咒(disenchantment)，世界再也不是鬼影幢幢，妖氣薰天了。人間並沒有任何地方是撒但可以恣意橫行、興波作浪的；他更不會主導宇宙規律的運轉及人類歷史的發展，萬有都在上帝的掌握之中。

曾有一些所謂「內在醫治」的理論，主張基督徒所有犯錯，乃至性格上的弱點（如發脾氣），及行爲上難以擺脫的惡習（如手淫），皆是由於有某個相應的邪靈作祟，故單純認罪悔改及懇求聖靈幫助並不足夠，必須輔以特殊的驅魔作業，將「發脾氣鬼」或「手淫鬼」趕逐出患者體外，才能將其問題根除。這樣的理論，完全沒有聖經的根據，且會導致使基督信仰淪落至民間宗教的後果。尤其糟糕的是，要是人的犯罪並非出於他的自由和主動，而僅是出於那個附著其身擺布其體使其無法抗拒的邪靈，那他就不用在倫理上爲其罪行負責任了。他不復是該受刑罰的罪人，只是有待醫治的病患者、受害人了。

正因爲上帝從來沒有賦予撒但不受其轄制、卻同時可以全然轄制人的力量，故對基督徒而言，沒有任何試探是過於聖靈加上他亦無法抵禦的。如此，基督徒必須爲他所犯的罪行付上道德與法律上的責任。蛇（撒但的化身？）的誘惑沒有減去亞當與夏娃該受的刑罰，敵基督的存在亦不構成我們在基督的審判台前可資推搪卸責的藉口。撒但的誘惑，最多只算是人犯罪的一個誘因。要是我們犯罪，那是因爲我們主動參與該樁罪行，故此我們是罪人。當然許多時候撒但會試探我們，但要是我們不先自毀長城，消滅聖靈的感動，脫去上帝所賜的全副軍裝，我們之會跌倒，是無法想像的。

基督徒不應故意忽略撒但的存在和作爲，但更不應過分將之渲染和誇大。與其到處尋索撒但的蹤迹，猜度其計謀，不若專注於上帝的道，敬虔自守，並且心狠手辣地對付自身的罪：攻克己身、叫身服我。無論如何，仰望上帝，過一個信靠順服的生活，才是最要緊的。

第21章

信仰的七個基本要求

以上我們就著《主禱文》的內容，廣泛地論述基督徒的信仰的基本要求。我們談到祈禱、傳福音、社會見證、讀聖經、過信靠生活、人際關係的和好職事，以及克勝撒但的誘惑。當然基督徒在世的使命還能多列出幾項，但基本的該不會越出這七個範圍了。

將它們稍爲整理一下，我們可以將之分成兩部分：

一、人與上帝的向度：包括不住祈禱、勤讀聖經、信靠生活、克勝誘惑。

二、人與人的向度：包括和好職事、宣主福音、社會見證。

圖示如下：

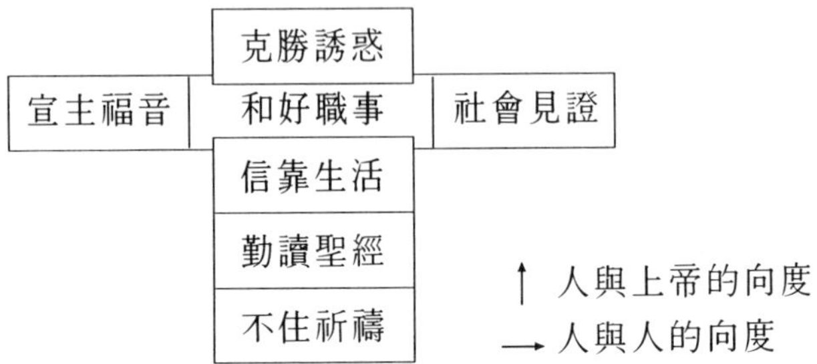

我們也可以就其牽涉的人的分量，將之分成四個層面：

一、內在生命：不住祈禱、勤讀聖經。

二、個人生活：信靠生活、克勝誘惑。

三、小羣體生活：宣主福音、和好職事。

四、大羣體生活：社會見證。

圖示如下：

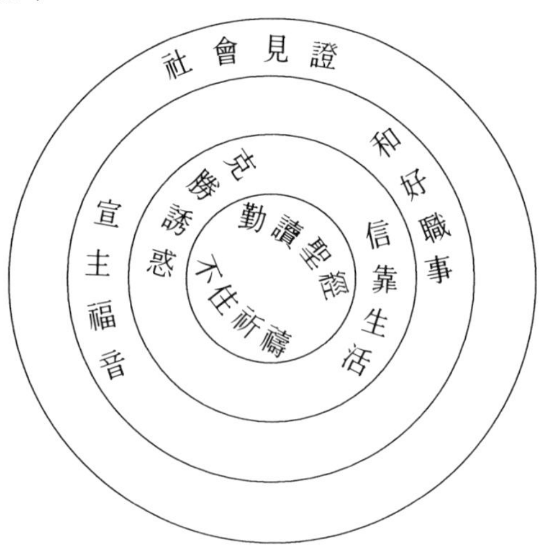

我得承認，這樣的分類無疑是略爲任意的，頗有勉强的成分在內，只是爲了方便我們牢記才拼湊出來。譬如說祈禱對我們言，不應僅是關乎個人的內在生命，也是基督徒對世界一個重要的參與形式；讀聖經除了是爲哺養個人的靈性外，亦是爲了尋索聖經對社會及文化問題的看法，好作出更有效的社會見證；而和好職事亦不必然局限在個人直接觸及的小羣體之內，更可以藉承擔公職、甚或參與國際政治活動，在更廣闊層面實踐出來。

無論如何，此七項職事是互相關連、彼此緊扣的；基督徒亦不應該有所偏廢，單重視某項而忽略其他。也許不同的人在實踐這七項信仰要求時，有不同的場景及形式，例如一個家庭主婦在人際關係中踐行和好職事，必然有異於一位教師，他們傳福音的機會及對象亦泰半不同。但是，總不該有任何基督徒說他對某項使命並無負擔；或者說爲了更好地完成其中一個職事的緣故，而必須犧牲掉其他責任。它們是每個基督徒都必須悉力以赴、缺一不可的基本信仰要求。

（戊部是有關教會的本質與使命的討論，未必是初信的你有興趣、或能即時消化理解的。你可以將整部分〔二十二至二十五章〕完全略去，並不會影響本書的完整性。至於這剩餘的四章，可留待日後才補讀完。）

戊　我們的教會：生命與事工

我們的教會：生命與事工

第22章

教會的存在與使命

在本書最後一部分，我會跟你討論教會生活的問題。我們在第七章裏已闡述了教會的性質及其構成分子；如今且專注於她存在的目的、發揮的功能，與實踐的使命。

教會的源起

從福音書到使徒行傳，我們可以看見教會的源起，她是由耶穌基督親自設立的。

教會與福音

聖經第一次提到「教會」一詞的，是在耶穌跟彼得的對話裏。當耶穌問門徒對祂有何看法時，彼得提出一個再正確沒有的答案：「祢是基督、是永生上帝的兒子。」耶穌大喜之下，便預告了教會的設立：「我告訴你……我要在這磐石上建立我的教會，死亡的權勢不能勝過她。」（太十六18）羅馬天主教會以此段經文來做爲彼得、及日後自稱是彼得繼承人的教皇爲普世教會的元首(papal primacy)的支持理據，這是完全沒有歷史根據的。這裏我們且不管它。就這段經文，我們認識一個重要眞理：教會的根基是耶穌基督，而教會之組成則是奠基在宣認耶穌基督是永生上帝的兒子這個行動上。是我們這羣發現（當然是上帝的指示，才讓我們發現的）耶穌是救世主、是上帝的兒子的人，合組成爲教會。那裏有對耶穌的這個宣認，那裏便有教會存在。

教會的存在與她的信仰是分不開的。是她擁有的福音信息，才使她獲得作爲教會的資格，才使她有別於其他社會組織。一旦教會不再傳揚福音信息或不以這個福音信息做爲其待人處事的指導思想、活動事工的中心內容，則教會便失墜了其存在的最大目標，教會也不復是教會了。

沒有福音，便沒有教會。

教會與生活

第二段與教會有密切關係的經文，是在耶穌升天後，聖靈如祂所應許的於五旬節時賜下給門徒。從那時起，門徒果然得著能力，勇敢地在衆人面前宣傳福音，證明耶穌就是上帝預言要來的那一位。這羣門徒除了積極地承擔並推動福音工作外，也有意識地聚居在一起。「所有信的人都在一起，凡物公用，並且變賣產業和財物，按照各人的需要分給他們。他們天天同心在殿裏恆切的聚集、一家一家的擘餅、存著歡樂和誠懇的心用飯，又讚美上帝，並且得到全民的喜

愛。主將得救的人，天天加給教會。」（徒二44～47）

這裏描繪的是業已成形的教會，就是已經組成、並且開始發揮她應有的功能（團契相交、福音使命）的教會。教會不是一個抽象的觀念、虛擬的理想，而是具體眞實的一羣人，過著具體眞實的集體生活。早期教會的信徒之到教會去，並非單純是去參與聚會，或共同承擔某個事工，他們卻是視教會爲生活中不可分割的部分。（那些住在教會裏的，就更是生活的全部了。）故此，教會在生活裏、生活也在教會中。

此時期我們尚看不到教會已建立起一套固定的組織與制度，沒有爲聚會專用的教堂，也沒有鋪張的禮儀；教會只是一羣信主的人走在一起，共同生活、實踐使命。我想日後添加的建築、藝術、禮儀、組織等，無疑都有它們各自的價值，但卻一定不能取代生活與使命這兩個教會的最基本元素，也不應反客爲主，要求生活與使命遷就建築物、禮儀等所敷設的框架。

教會與身分

第三段跟教會有重要關連的經文，是在使徒行傳十一章26節，那裏記載在安提阿這個敍利亞城市，門徒首先被人稱爲基督徒。過去教會雖然已有生活和使命，但大多數人還是把她視爲猶太教的其中一個派別，並沒有將之獨立識別，看成是一個嶄新的宗教。因爲一來早期的基督徒幾全是猶太人，而他們在參與教會聚會之餘，往往又維持到會堂聚集的習慣，所以不易把他們與一般猶太教徒區別出來。在安提阿這個猶太人與外族人雜處的地方，由於信主的人較多是外族人，並無上猶太會堂的習慣，故較容易被識別爲參加了一個新宗教。他們不再是猶太教的分支，而是名正言順的基督教徒了。

教會是地上一個可見的羣體，旨在見證其所信奉的耶穌基督，因此取得獨特的身分是理所當然的。就好像每一個宣稱接受耶穌基督爲個人救主的人，也必須冠以基督徒的稱號。別人這樣稱呼他，他也如此自稱。耶穌說：任何在衆人面前承認祂的人，祂在天父面前也會承認他；因此，我們這羣披戴基督的人，亦義不容辭地披戴基督徒的名銜了。我們看保羅及衆使徒的書信，便可發現「耶穌基督的使徒」是他們最引以爲傲、也首先被提及的身分；與之相較，再無其他名銜是重要的，連提都用不著。但願我們也有這樣的想法與感受：基督徒是我們最尊貴的名分。

■

教會的特徵

不同傳統對教會的特徵有不同的理解。簡言之，有兩個主要的看法：一是較重視教會作爲一個組織(organization)，一是較重視教會作爲一個有機體(organism)。

教會作爲組織

強調教會作爲一個組織的，主要是天主教、東正教，以及更正教中的如聖公會等禮儀教會。他們認爲教會爲由耶穌基督親自設立，從使徒開始，代代相傳延繼至今天的一個組織和制度，他們稱之爲「教制」及「教統」；其歷史傳統性是最關鍵性的，今天教會的合法性就奠基在這個傳統身分之上。

耶穌基督爲這個組織設定了其神聖的身分，賦予了特殊的使命及相應所需的恩賜和權力。因此，恩賜與權力不是給予某個個人的，而是頒賞給教制內的聖職，及任何擔任這個聖職的人。不是某個人自認有某樣恩賜，然後毛遂自薦地要求佔據某個相應的崗位，好獲得權力來行使其恩賜；卻是教會在聖靈的揀選下，選拔一個合適的人進佔某個職位，然後聖靈便賜下相應的恩賜和能力，使他有效地發揮該個職能。

由於所有職位（「聖品」）均溯源自傳統，它們的權力便也來自傳統，而不是由信徒共同授予的；信徒最多只能認可某個人符合進入該個職位、獲得該個權力的資格而已。强調組織與傳統的教會，權力大多是由上而下的，信徒羣體在教會的重要性也相對地較低。

教會作爲有機體

强調教會作爲一個有機體的，包括更正教中的大多數宗派，如重洗派與改革宗。他們認爲教會是基督的身體，是各肢體彼此相交、生命相繫的團契，並且也是基督所授予的使命得以踐行的器皿。所以，教會最重要的是生活與使命，而非組織與傳統。

教會的主幹是信徒，不是組織或聖職人員；一切傳統、組織、聖職人員，都只有在其能輔助信徒各盡其職、建立基督的身體後，方獲得存在的資格。並且，教會領導層的權力並不來自所在的位置（沒有任何職位是本然神聖或自有權力的），也不源自傳統或前任領導的私相授受，而是由信徒透過某個特定程序來授予的。一切權力盡在耶穌基督及其所選召的信徒羣體裏。

持此看法的人，並不必然反對歷史或傳統的任何制度，也不一定持守激烈的反建制心態。他們看出所有制度（甚至包括羅馬教皇制度在內）之所以萌生，均有其歷史的因素；而其能延之久遠，也必然曾發揮過若干重要的職能。但是，他們卻拒絕將任何組織或制度神聖化，視爲由上帝親自設立，故有不能更易、不容冒犯的絕對權威。耶穌基督只設立了教會，爲教會的生活與使命做出各樣的規定，卻沒有設立過任何特定的組織或制度。所以，一切組織和制度都是人爲的、歷史性的，可被轉變，也必須按時而轉變。「安息日是爲人而設的。」

教會的使命

明顯地，我屬於後者的立場。這不是我自己的偏好，或個人認爲教會作爲有機體較諸其爲組織更合理（「合」人的「理」），而是我相信它更符合聖經的教訓，更滿足到耶穌基督設立教會的原來心意。

教會是基督的身體，是由一羣個別被耶穌基督呼召並拯救的信徒組合而成的。他們不是無緣無故地自行走在一起，卻是被耶穌呼召入這個羣體之內，目的一方面是爲了建立、栽培並實踐他們的信仰，另方面則是爲了更有效及全面地見證基督，在世上履行宣教的使命。教會的存在是與她的功能和使命分不開的，她是爲了基督付託的使命而生，而福音與使命也爲教會賦予身分及存在的意義。

談到教會的功能與使命，概括地說可分爲三方面：其一、對上帝言，教會是一個敬拜與服事的羣體；其二、對信徒自身言，教會是一個團契相交及哺養成長的地方；其三、對廣大的未信主的人羣言，教會是福音的燈台。因此，我們在下面會用三章來分別處理公共崇拜、團契生活與福音使命這三個課題，好使你對教會生活有一個較全面的了解。

我的祈禱是：讓你成爲一個信仰有根有基，且在教會扎下根來、有所歸依的基督徒。

第23章

公共崇拜

教會一個最爲人知的活動是星期天上教堂參與主日崇拜。除卻特別聚會外，這是全教會性的活動，也有最多的人參與；甚至不幸地有不少信徒就光參加這個活動，他們被稱爲「禮拜天返教會者」(Sunday church goers)。

主日的公共崇拜是教會最爲人知的外顯形式，也是教會維繫信徒最主要的一項活動。但是，卻沒有任何聖經（特別是新約）教導可以支持我們認爲它是教會最重要的職事或使命，除非它在儀式性的活動之外，尚兼顧其他的職事（如教導、關顧等）。因此，視公共崇拜爲教會生活的焦點，並不是恰當的觀點。

對公共崇拜，我們可以問以下三個問題：它是怎樣產生的？它有甚麼意義？它有甚麼內容？

■

公共崇拜的起源

起源自猶太人的會堂敬拜

基督教的公共崇拜，實起源於舊約時代晚期猶太人的會堂敬拜。大約在主前六世紀，由於聖殿被毀、猶太人被擄到外地、流徙四方，爲了維繫他們的民族與信仰，也爲了使宗教生活不因聖殿的崩解而廢弛，他們乃在所居之處紛紛建立起各個會堂來。在會堂裏，猶太人定期聚會，內容主要是祈禱、讀經及解經講道。除了公開聚會外，會堂也成爲猶太人日常活動的中心。

根據聖經記載，早期教會的信徒，由於多數爲猶太人，故在自行舉行基督徒的聚會之外，尚仍維持到會堂參加聚會的習慣。自然地，他們也把會堂聚會的許多形式移植到教會之內。例如，猶太人的會堂敬拜並無獻祭活動，也沒有鋪張的禮儀，主要是一個讀經與釋經的聚會；基督教的早期主日崇拜，便亦以讀經與講道爲主，再加上惟一算得上是禮儀性的聖餐禮。由於耶穌基督是在星期天復活的，基督徒乃稱此日爲「主日」，並將公共崇拜的舉行時間由安息日移至星期天，這是我們的主日崇拜的起源。

公共崇拜的目的

公共崇拜的設計，在每週一次糾集全教會的會衆，來到上帝的家裏，專注地讚美與感謝上帝的奇妙作爲；然後謙卑順服地恭聽上帝的道，知曉祂的心意，並予各樣的回應。而其目的，簡言之有以下三個：

第一、它提醒我們遵守「要記念安息日」(十誡的第四項，參出二十8～9)的誡命。雖然耶穌基督已成全舊約的律法，並將其精意從外在的規條裏釋放出來，但是十誡大抵上仍是信徒應當遵行的。而參與主日崇拜，是我們遵守基督教的「安息日」的一個主要方式。

第二、它讓全體會衆有一個集體敬拜上帝的機會。我們在下面會提到，敬拜絕不限於主日崇拜或任何儀式，但後者仍是敬拜的其中一個重要表達。並且，集體性的敬拜可以產生信徒個別敬拜無法做到的合一感(one-ness)與同在感(together-ness)的效果；信徒們集體敬拜，也使教會變成一個外在可見的敬拜羣體，讓其他人知道我們尊主爲大。

第三、它爲我們提供一個集體相交與溝通的場合。作爲平日不多有的全體聚會，主日崇拜發揮了重要的相交團契、消息溝通、動員參與等功能。這是教會要維繫其內聚力所不可或缺的。

公共崇拜與敬拜

這裏，我們得澄清一下公共崇拜與敬拜間的關係。這是常常教人誤解的一個課題。

公共崇拜是敬拜的一種形式

許多人簡單地認爲公共崇拜既然稱爲「崇拜」，那主要的目的當然是敬拜上帝了。但基督徒既廢棄了獻祭，如何表達對上帝的敬拜呢？那自然地是用固定的禮儀(liturgy)或儀式(ritual)以爲取代。對於那些採取自由崇拜傳統的教會，禮儀在公共崇拜中佔的地位不重，儀式也甚簡單，就只得以詩歌來做爲代替品，他們主張會衆藉詩歌來表達對上帝的讚美與感恩。有些人甚至襲用獻祭的象徵，指出我們既是用讚美的詩歌來作爲「祭物」獻給上帝，那詩班的獻詩便等於舊約時期的祭司了，他們代表會衆呈獻音樂的祭物。這是一種將敬拜理解爲某種儀式性的行動(ritual acts)、且局限在公共崇拜內進行的看法。

但是，聖經對「敬拜」的看法，跟上述的理解並不完全一致。查「敬拜」一詞，無論是希伯來文或希臘文，原意均是指著「事奉」，就是以各種形式來事奉上帝。當然人對上帝服事的其中一個形式，是使用儀式性的行動來謳歌頌讚上帝，但卻不能因此便把人要事奉（敬拜）上帝的要求，局限在公共崇拜或任何讚美聚會之內，或主張必須以儀式性的行動來予以表達。儀式性的行動只是敬拜或事奉上帝的其中一種形式，絕不能代表上帝在聖經裏要求人對祂應作的敬拜。

同樣地，正因儀式性的行動只是敬拜或事奉上帝的其中一種形式，我們便也不該將聖經中所有要求信徒敬拜上帝的經文，統統視爲對儀式性的行動的指引或要求，且必須統統用儀式性的行動來予以兌現。我們尤其不應把教會的公共崇拜看成是教會或信徒對上帝敬拜或事奉的惟一形式，並且必須用儀式性的行動來進行。儀式性的行動是敬拜或事奉上帝不可或缺的部分，但僅是其中一部分；它也只是教會的公共崇拜的其中一個目的與功能，作爲教會的一個聚會，公共崇拜尚肩負著許多其他的角色與職能。

總而言之，我們不能把敬拜與儀式性的行動及公共崇拜三者等同起來。儀式性的行動只是敬拜上帝的一種方式，也只佔公共崇拜的一個部分。聖經有關敬拜的教導，絕不能由儀式行動或公共崇拜壟斷，也不該完全兌現在這僅佔一部分的表達形式上。

敬拜的含義

聖經如何看人對上帝的敬拜呢？保羅曾清楚指出：「要把身體獻上，作聖潔而蒙上帝悅納的活祭，這是你們理所當然的事奉。」（羅十二1）「事奉」在這裏，便是「敬拜」(*latreia*)。換言之，上帝要求我們的，是身心靈全人的奉獻，在生活上遵從祂的誡命，行祂所喜悅的事；我們生活裏的每時每刻、所作的一言一行，都要成爲活的祭物，呈獻上帝。這也是大誡命對我們的要求：「你要盡心、盡性、盡意、盡力愛主你的上帝」；它是關涉全人，且包括生活的每個層面的。

耶穌基督從來沒有提及信徒必須舉行或參與公共崇拜。聖經裏幾處有關大使命的記述（如太二十八18～20；可十六15～19；徒一8），均只提到傳福音、施行水禮、裝備信徒等職事；而耶穌基督在教訓門徒時，也僅要求他們相愛相交、踐行眞理與使命（如約十三34）。耶穌惟一提到有關對上帝的敬拜（事奉）的，是其與撒馬利亞婦人的談道。正是在那裏，祂打破了以色列人一直以來認爲敬拜是局限在某個特定地方，且以某個特定儀式舉行的觀念，而强調敬拜不等於獻祭或儀式性的行動，故地點與儀式是不重要的。上帝所要求的，是人「用心靈按眞理」來敬拜祂（約四23～24）。這也正是舊約聖經一貫的教訓：上帝喜愛人的踐行公義與憐憫、遵守祂的誡命，過於一切獻祭。故此，我們的心誠意正（心靈）與遵行眞理（眞理），才是上帝悅納並期望的敬拜。當然，我們沒有理由將「用心靈按眞理敬拜父」這個要求，局限在公共崇拜或儀式性的行動上，或認爲耶穌在這裏所教訓的，是針對著公共崇拜的程序設計吧！

耶穌以至整本聖經關注的，是我們的心思與行爲，而非個別的宗教活動；祂要我們成爲一個敬拜上帝的人，擁有敬拜上帝的人生，而非僅在一個特定的地點按特定的儀式來敬拜上帝。

公共崇拜的內容

基督徒聚會

耶穌基督在祂的教訓裏，沒有提到公共崇拜的要求；而使徒們的講論，則集中討論基督徒的「聚會」。無疑這裏指的基督徒聚會必然包括主日的公共崇拜，但其涉及的範圍，卻已超逾我們今天的公共崇拜了。譬如說他們並不只局限在主日才有聚會；而聚會的內容也非常生活化，包括了肢體相交，賙濟窮人等各方面，用餐（愛筵）是尤其重要的一環。所以，保羅等對基督徒聚會的指引，適應範圍應包括今天教會的主日崇拜、團契、祈禱會，乃至各樣生活性的聚會。公共崇拜於此並無特別突出的地位。（這也是爲甚麼我在本章開首指出，將公共崇拜定爲教會生活的焦點，並無聖經的根據。）

新約聖經既沒有專論公共崇拜，自亦不會對公共崇拜的內容作全面的介紹了。就片段的資料，可以確定祈禱、講道、聖餐禮等，爲必然具備的項目；唱詩大概也是不可少的（參弗五19；西三16）。倘若我們參考早期教會領袖（被尊稱爲「教父」）的著作，特別是游斯丁的《第一護教辭》(Justin Martyr, *The First Apology*)第六十七章，便可以獲得一幅較完整的圖畫。在二世紀，教會的主日崇拜編排如下：先是讀經（包括舊約聖經與使徒的著作）、講道、公禱，然後是聖餐及奉獻。內容既簡單又淳樸，與猶太人的會堂崇拜沒有分別，同是以誦讀與分解上帝的道爲聚會的主幹。

宣講上帝的道的中心位置

今天不同傳統的教會根據對聖禮神學的不同理解、或回應信徒的需要，而編定他們的崇拜儀式。但是，我們得強調，從使徒行傳乃至新約書信的片段資料，均清楚讓人看見，宣讀聖經及闡釋聖經（講道）是公共崇拜的主要內容，這也是猶太人的會堂敬拜及早期教父有關教會崇拜的記述可以共證的。沒有任何聖經或歷史的證據可供我們貶低宣講上帝的道在公共崇拜裏的中心位置。那些敬拜應是雙向交流、與上帝對話、知情意投入等說法，統統只是人爲的附會推理，或將非直接相關的經文拿來共冶一爐，對我們理解公共崇拜的內容沒有太大的幫助。

正如我前面指出的，聖經提到的「敬拜」絕非限於儀式性的行動，也不限在公共崇拜之內，卻是指著對上帝的全人事奉。甚麼是事奉？聖經的教導是：愛上帝，並遵行祂的命令，這兩者是一而二、二而一的。但是，倘若人不知道上帝的道，又如何能遵行呢？（記著：遵行就是事奉，就是眞正的敬拜！）因此，教會必須有責任在其公開聚會裏，宣講上帝的道，讓會衆知曉並奉行，這是她責無旁貸的任務、再神聖不過的職事，也是教會存在的其中一個目的。因此在公共崇拜裏宣講上帝的道，就其作爲教會的一個聚會言無疑是合宜的，即以其作爲「敬拜」聚會也非常恰當。

一切儀式性的行動都不能取代講道的位置，甚至不能與講道並駕齊驅。上帝從來沒有指定我們藉某些固定的儀式來敬拜祂，卻多次宣稱：「我們遵守上帝的命令，就是愛祂了。」（約壹五3）因此，我們敬拜父，既不在這山上，也不在耶路撒冷，卻是用心靈按眞理來敬拜祂；而聽道與行道，是最稱職的兩個敬拜行動。

當然，我不排除在公共崇拜裏可以有儀式性的行動，包括唱詩讚美、認罪、代禱、祝福，以至聖餐禮等。它們都是公共崇拜的重要部分，也是信徒藉此表達對上帝的思想和感情的渠道。而作爲教會的一個聚會及活動，自亦可以有會務報告、會友見證，及呼籲動員會友參與某項事奉等項目，它們都是教會生活中不可缺的。除非我們故意混淆敬拜與公共崇拜的觀念，或將「敬拜」一詞收窄其內容至限指某些儀式性的行動，否則我將看不到爲何在聚會中添加報告，會破壞了「以上帝爲中心」（？）的敬拜。反正一切的事奉（敬拜）都是以上帝爲中心的。

■

理想的公共崇拜

我認爲，一個理想的公共崇拜是上帝的道被清楚宣講，及會衆以各種方式來回應及遵行。

上帝的道被宣講

上帝的道被宣講的方式有二：讀經與講道。

聖經作爲教會至高無上的權威，在教會生活及公共崇拜裏應佔著重要的位置，這是毋庸申論的。所以在崇拜聚會的時候，我們該以恭謹的態度，來宣讀及聆聽上帝的說話。有些禮儀教會會花較多時間來宣讀新舊約聖經，甚至要求會衆站著恭念福音書，都是頗值得參考的做法。

但是，我們卻不能對聖經有任何神祕主義式的看法，認爲只要將之宣讀了，便立刻有亮光發出，信徒也在聖靈的啟悟下迅即開竅理解。不！無論是舊約的先知傳統以至會堂敬拜裏的解經形式，都讓我們看到聖經光是宣讀是不足夠的，還必須加上恰當的詮釋，才能讓信衆明白；並且我們也要將上帝昔日的啟示闡發成今天能懂能行的道理，找出其時代的有效性與適切性，方可教會衆切實遵行。將上帝的道分解成今天活著的道(living Word)是教會神聖的職責。保羅曾指出，基督徒「要熱切的渴慕屬靈的恩賜，特別是先知講道的恩賜」（林前十四1），講道對教會的重要性，於此可見一斑。

讀經不能用來取代講道。只有兩者並存，上帝的道才算被完備地宣講出來。

人對上帝的道的回應

在上帝表白了祂的心意以後，人便得作回應了。

基督教從來不鼓勵甚麼人神對話，受造物的人類，從來沒有資格與上帝平排而坐、平等對話，即使成爲嗣子的我們，亦不能狂妄地自以爲可這樣做。聖經中那怕是最屬靈的人，在上帝向祂顯現並說話時，都驚懼得俯伏在地，話也不敢多哼半句，上帝與人之間的懸殊距離是他們深切覺知的。人可以向上帝發出感恩與讚美之聲，可以向上帝祈求各樣的好處，但不是與上帝對話。事實上，我們之所以知道自己向上帝的讚美或祈求能夠蒙垂聽，還不是因爲我們的嗓門夠大、音波强勁的緣故，而僅是因著上帝已向我們說了話。上帝首先向人說話，啟示祂心意，包括對人的應許和要求，人才知道上帝是怎樣的上帝，才曉得該回應上帝、又該如何回應上帝。上帝與人的關係，永遠是由上帝先作主動，然後人才能回應。人的所有行爲都是回應性的。

在主日崇拜裏，我們也是如此回應上帝。先是上帝宣示了祂的心意，然後我們才作出相應的回應行動，包括感恩的詩歌與祈禱，藉奉獻金錢作爲我們全所有奉獻的一個象徵性的表達，以及受差遣到生活每個角落實踐主道。

上帝對我們說話，這是何等令人感恩的事。祂對我們表述其心意，顯見祂對我們仍有要求和期望，沒有撇下我們，任憑我們作惡。爲此，我們必須獻上由衷的感謝。藉著唱詩和祈禱，我們一方面表達對上帝話語（也就是祂的作爲）的頌讚，認定祂的智慧無邊、公義全備、所說的盡皆美善；另方面也立定心意，專一地順服聽從。我們不是光以詩歌及祈禱來回應上帝，而是藉詩歌及祈禱來表白我們必定在行動中回應上帝。

金錢奉獻是另一個饒有意義的回應行動。雖然我們知道，對教會作金錢奉獻絕對不單是在主日崇拜之中，常費捐（十一奉獻，月捐）、爲差傳事工、各福音機構等捐獻，都毋須限在主日崇拜進行；但是，能在專心朝見上帝之時，藉金錢來表達一下心中的感恩與思念，倒是相當不俗的。耶穌曾說過，我們的金錢所在處，便也是我們的心所由寄處。那就讓我們將自己的心，附在金錢之上，呈獻到祂的聖壇前吧。

最後，讓我們不要輕忽了差遣與祝福這個環節。正如我們所知道的，公共崇拜僅是敬拜上帝的其中一個形式，更重要的敬拜（事奉）是在日常生活中進行的；因此，公共崇拜結束，並不等於敬拜行動就此終止了，真正要緊的敬拜才開始哩！牧師（或負責弟兄）的差遣禮儀，正象徵著將教會生活與日常生活接合的行動。我們被差遣回自己的工作及生活地方，實踐所聽到的上帝的道，也將教會伸延到凡腳蹤所到處。

對，敬拜是永不竭息的。

第24章

契生活

我們的上帝與我們的信仰

要是我們不把教會看成是一個組織，而視之爲一個有機體，則可以說，教會是將「我」變爲「我們」的地方。

耶穌基督曾個別地闖入我們的生命裏，與我們相遇。在我們與祂初晤時，我們呼叫：「我的主、我的上帝。」祂確實成了我們個人的、單獨的主。我們問祂：「主啊，祢是誰？」（徒九5）也在祂的揀選與呼召下自問：「我是誰？」（出三11）我們認識上帝，又在祂的啟迪下重新認識自己。

但是，一旦我們被耶穌呼召進入教會，並在傳統與羣體裏認識我們「應當作的事」（徒九6）以後，我們赫然發現，原來「我的主」也同樣是其他人的主，那是我們共有的、亦共被祂擁有的主，所以我們必須禱告說：「我們在天上的父。」上帝從此不再僅是個人的上帝，祂已由我們原初期望的「家神」或「個體守護神」，回復至其當有的宇宙與歷史的掌管者的位置。

教會使「我的上帝」變成「我們的上帝」。

與此同時，教會也使「我的信仰」，一改而爲「我們的信仰」。

原來我們在皈依基督時，總是帶著自身若干的問題，及由此衍生對上帝的期望的。譬如說我們期望困難得到解決、疾病得到醫治、創傷得到撫平、夢想得到圓現。我們將這些個人的期望帶到上帝跟前，希望藉著與祂修和關係，而使它們得到實現。這些自利性的期望成了我們與上帝建立關係的一個隱藏的議題，甚至成了我們信仰的內容。許多人對信仰的理解，豈不就是今世得福、來世得生嗎？

在我們加入教會後，藉著對聖經的研讀、信徒的互相啟發，以及對上帝的國度觀念有更深入的認識，我們擴闊了信仰的視界，認識基督信仰不單是幫助我們祈福禳災的手段，卻是關涉上帝的創造與救贖計劃、人類整體的命運的。如此我們便不再單顧自己的事，不再單向上帝求餅；而是將上帝的名、上帝的國與上帝的旨意，置放在每天所需的食物之上，以此做爲我們向上帝祈禱的內容。

惟有我們認識上帝是「我們的上帝」、信仰是「我們的信仰」，我們才眞箇尊奉上帝爲上帝，我們的信仰行動才是不折不扣的信仰。因爲我們不再將自己的喜惡與需要設定爲人神關係的中心，承認上帝是超過我們的喜惡與需要所局限的上帝，祂既是宇宙與人類的主宰，又是我們個人的主；從此主客地位易轉，「我們的上帝」被排到生命的優先位置去，我們摯誠地尊祂爲上帝。此外，也是在我們放棄憑自己的關懷與期望來設定信仰的內容後，我們才承認信仰是具有客觀性的含義的，我們要接受並委身於這套不由我們賦予內容的信仰中。信仰的行動於此便不僅是個人主觀及內在的信念（我喜歡這樣信、這是我的看法），而變作一個莊嚴的宣信、全人的投入及行動的實踐了。

上帝是「我們」共同尊崇及事奉的上帝，信仰是我們共同持守及傳揚的信仰。一切都是教會性的。

與別不同的羣體

誰是「我們」？

那當然是指著教會內可見的弟兄姊妹了。按著《使徒信經》的「聖徒相通」的觀念，我們是不單與今世的基督徒建立生命的聯繫，更是與古往今來的所有基督徒有著某種神祕的團契關係的，因爲我們都同屬一個教會、一個基督的身體。但是，這樣玄妙的說法既不好理解，在應用上也有相當的困難；故我們還是將「我們」局限於可以感觸的信徒羣體之內吧。

基督徒所領受的一個恩典是其所屬的信徒羣體。耶穌基督沒有把我們孤伶伶地遺留在世上，獨自回應上帝的召命；卻是將我們置放在一羣的信徒中間，使我們在那裏得著歸屬感與安全感，並且可以有根有基地建立信仰、有形有體地經歷信仰、有時有序地實踐信仰。我們的個人信仰是與教會息息相關，不可須臾分開的。

教會實在是一個奇妙的羣體。從外觀上看，她是一個由基督徒組合成的社羣，每個成員都是個別被基督呼召與拯救後，才加入這個社羣的。由於耶穌對人的呼召從不以其原來的性別、種族、身分、職業、地位、年齡作考慮的，因此加入教會的，便有不同的性別、種族等了。我可想不到在社會上還有哪個組織，其成員的成分比得上教會的複雜與多元性。

這些來自五湖四海、各行各業的人，都被賦予了一個嶄新的身分：基督徒（上帝的兒子），此身分是壓倒性的，蓋過他們所有的其他身分，並使其他身分變得不重要。因此，他們之間有一個共通的因素(common denominator)，藉此團契相交。對，只要我們是基督徒，就不管我們還是甚麼，都可以團契相交。

在教會裏，除卻基督徒這個身分外，所有其他賴以區別人的身分都是不重要的。無論某人的職業是醫生、護士、工程師、小販、苦力、家庭主婦，抑或失業的流浪漢，在主裏都同是我的弟兄／姊妹，也僅是我的弟兄／姊妹。我們在上帝眼中的身分、地位、權利、價值，統統是一樣的。耶穌基督的選召將我們每一個人都打回原形，變成別的基督徒的一個普通的弟兄／姊妹。我們的身分轉換了。

別小覷這個身分的轉換，它可是人間一個革命性的改變呢！西方文化裏的自由、人權觀念，在相當程度上是建造在基督教這個上帝眼中人人平等的觀念之上的。例如說，在早期教會所屬的羅馬社會，階級是非常森嚴的，奴隸主可任意取掉其擁有的奴隸的性命；但是在教會裏，奴隸主與奴隸卻竟然平輩論交、互稱兄弟，這實在是匪夷所思的事，也是對當時期的思想與制度的一個顛覆。試看保羅勸勉一位信主的奴隸主腓利門，要求他釋放那個曾背叛他、但如今已成了基督徒的奴隸歐尼西慕時所說的話：

> 也許他暫時離開你，正是為了使你永遠得著他，不再是奴僕，而是高過奴僕，是親愛的弟兄。（門15～16節）

多麼動人心弦！「親愛的弟兄」這重身分，高於一切社會與文化所加諸人之上的身分。因為歐尼西慕已信了主，他便首先是腓利門的弟兄；原來的主僕關係，便變得次要了。信仰的身分主宰了我們所有其他身分。這是多麼激烈的身分轉換呢！

並且，不惟是客觀的社會與文化身分對信徒間的關係不再具有決定性，我們主觀的性格取向、興趣嗜好，乃至對人的成見偏見，也都變得無關痛癢了。我們知道，教會裏的弟兄姊妹不是經由我們一個個挑選回來的，卻是在我們加入教會之後，他們便已一下子成為我們的弟兄姊妹了。我們沒有權利去揀選團契相交的對象，因此彼此是否志趣相近、臭味相投，是完全不用計較的；總之，由於共有一位在天上的父，我們便自動地互為弟兄姊妹了。

正因為所有弟兄姊妹都不是由我們自行揀選、靠自己努力去物色回來的，完全是出於上帝的揀選和賜予，故此他們於我們言，都是上帝的恩典。

與別不同的關係

我們的肢體若是上帝的恩典，那我們的肢體關係就更是上帝的恩典了。

社會上一般的友誼都是由淺入深、由淡轉濃的。我們先是初相識，在社交場合互打哈哈；及至往來多了，話題便由外而內，較多觸及個人內心的思想和感受；最後倘若兩情相悅，彼此投契，便可以進一步成爲摯友，推心置腹、肝膽相照。這個由泛泛之交發展至生死至交的過程，除了要待時間培養外，更要看個人的性向與外在的機緣，一切是勉强不得的。我們先培養個人情誼，再釐定關係的親疏。

但是，教會內的肢體關係可不是這樣培植的。我們在尚未眞箇認識某人以前，便已在認知上確定對方是我們的肢體，我們擁有血肉相連的關係，彼此也有推卸不掉的責任。因著他是我們的弟兄，所以我們必須關心他、與他分享一己的所有，並且幫助他在靈性及其他方面得到成長。如此，我們身分上的關係，早於在現實生活裏的交誼，也通常深厚過主觀的感受。我們先確立了關係，才培養彼此的情誼。

打個比方：社會上的交誼就像自由戀愛，先待確定雙方情投意合後，才互訂婚盟；教會內的肢體關係卻好比昔日的盲婚啞嫁，先被繫在一起，才逐漸培養相應的感情。

這樣的被上帝配對是好是壞，不在我們討論之列（我如何能妄論上帝的安排呢！）；我們僅是知道：必須竭力地愛我們的弟兄。這是上帝的命令，是大誡命的其中一項；也是我們基督徒生命自然有又必須有的表現。正如約翰所說：

「我們因爲愛弟兄，就知道我們已經出死入生了；不愛弟兄的，仍然住在死中。」（約壹三14）愛弟兄是基督徒生命的一個表徵、一個自然流露的行爲。

愛弟兄是我們的本分。我們愛一個人，並不因爲對方有可愛處；而是我們必須先愛他，然後才發現他生命裏的可愛處，又或者才替他添加某些可愛的質素。當然，說我們愛人並不因爲對方可愛，在意思上是略有偏差的；正確的說法是我們憑著人的價值標準並不覺得對方可愛，但卻從信仰的角度發現他的本然價值是其外在表現所無法抹殺否定的。在上帝的眼中，所有人都是可愛的，可愛至一個地步，上帝願意爲他們捨命。我們必須學效上帝的心懷，從祂的眼睛（祂的標準）去審視一衆生靈，如此我們將發覺再齷齪不堪的人，原來都是化了妝的基督。

倘若愛的對象並不由我們自行揀選，其可愛與否並不由我們審判，那同樣地，愛的程度也不是由我們的主觀意願或客觀能力所限定的。

我們要愛身旁的肢體至甚麼程度？答案是沒有上限。約翰說：「主爲我們捨命，這樣，我們就知道甚麼是愛；我們也應當爲弟兄捨命。」（約壹三16）耶穌基督作爲我們的主、我們學效的對象，爲我們設定了愛的標準。祂旣願意爲祂所愛的我們捐棄了祂的性命，那我們便亦當持同樣的態度對待他人。要是我們爲他人的緣故連生命也不顧，還有甚麼東西是必須顧惜、不願交出來呢？所以，基督徒斷不能對身旁的弟兄／姊妹說：「我已付出得太多，我對你的愛已經逾分，不能再進一步了。」在耶穌的標準裏，沒有甚麼是逾分的，我們永遠只能覺察到自己愛得不夠，付出時太吝嗇，而不會眞的已犧牲太多。

看，從愛的對象到愛的程度，基督徒的羣體關係都是與別不同的。

■ 團契生活

我們知道自己不是把教會與團契生活建立起來的人，耶穌基督早在我們或任何人加入這個教會以先，已爲我們奠立了肢體的關係，且讓我們在祂裏面連成一體了。因此，我們毋須到處尋找弟兄姊妹，所有在教會內的人業已是我們的弟兄姊妹；我們毋須與人建立肢體關係，這個關係早已在基督裏被建立起來了。

那我們在教會裏該作甚麼？

我們要努力的，是使自己的行爲表現，特別是對待別的肢體的表現，與我們所蒙的恩、所居的位分相稱；我們要如同對待弟兄般，對待身旁的弟兄。這就是說，我們一方面要努力使自己成爲別人眞正的弟兄，另方面則要努力看待身旁的人爲我們眞正的弟兄。

使自己成爲別人眞正的弟兄

我們如何使自己成爲別人眞正的弟兄呢？最重要的是，我們必須開闊個人的心胸，增加覺察到別人需要的敏感度，擴充接受別人與自己存著差異的寬容度，深化接納別人的表現未符期望的容忍度。如此我們便可以以耶穌基督的心爲心，突破自我主義的框框，使自己更有慈悲憐憫的心懷，更容易與喜樂的人同樂、悲哭的人同哭。一句話，我們要令自己變成一個更好的「愛者」(lover)。惟有我們是一個愛者，我們才可以名副其實地成爲別人的弟兄。

保羅在以弗所書四章2至3節所說的：「凡事謙虛、溫柔、忍耐、用愛心彼此寬容；以和睦聯繫，竭力持守聖靈所賜的合一。」正是對此種愛者的性格的上佳說明。

我們已討論過柔和謙卑作爲上帝子民的屬靈氣質，這也是一個愛者所必須具備的氣質，惟有是這樣的人，方能對人有足夠的忍耐與愛心，並與人維持和睦及合一的關係。這裏不再贅說了。

我於此僅欲强調一點（也是保羅在哥林多前書全卷所要申明的道理），便是在教會裏，待人處事必須秉持一個原則：向下看齊。保羅主張，教會中强壯的弟兄要照顧軟弱的、有信心的要體恤信心不足的、有知識的要接納缺乏知識的、體面的要加倍抬舉鄙陋的；總而言之，那些軟弱的、不足的、無有的，便成了教會道德與審美的準繩。祭過偶像的食物不錯仍僅是食物，沒有眞箇被污染，基督徒可以隨意取吃，但設若有缺乏知識與信心的人或會因別人的進食而跌倒，則教會便當禁止有知識與信心的人享用這個進食的自由。不是要求軟弱的勉强與强者看齊（這是他們辦不到的），而是教强者放棄那個絆倒別人、也賴之以突顯自己與衆不同、出類拔萃的準繩。如此他才可以成爲愛者，以忍耐和愛心包容他的弟兄。

看待別人爲我們眞正的弟兄

我們如何看待身旁的人爲我們眞正的弟兄呢？關鍵性的

一個因素是，我們要從信仰的角度來評估對方的價值，好確定對方是值得我們去愛、甚至不惜爲之付出各樣代價的人。前面提到從上帝眼中去審視人的本然價值，諸如他擁有上帝的形象、他爲基督所拯救等，便是其中的做法。

不過，我們得承認這些做法並非每時都奏效的，特別是那些與我們朝夕相對的人，他們可憎的外表太壓倒性，往往教我們在當下吃不消，無法以肉眼看不到的本然價值來予以掩蓋。我想，最要緊的不是我們勉強接納那個不可愛的他們的實況，而是認定若是上帝願意改造他們，則不可愛的他們還是有脫胎換骨的可能性。我們可以不接納他們的現狀，卻不應失去對任何人的期望。切記在信的人，凡事都能。

要是我們對一個人的醜惡行徑感到難耐的話，與其我們祈求上帝使他消失，不若祈求上帝改變他吧。至於說改變眞有可能嗎？唔，我得承認在大多數的情況下，改變的機會是甚低的，但由於我曾目睹這樣的改變發生過，那就算可能性再低，我還是不敢將之全盤抹殺、還是不好對人完全絕望。

對上帝有信心、對別人有信心，這是使我們不致對人絕望（在其尚未離世前便已蓋棺定論，及視其現實的景況爲終極性）的祕訣。

理想與現實

以上所寫的，是否把教會過分美化了呢？這會否與我們實際經歷著的團契生活有相當（要非「懸殊」的話）的差距呢？

事實上，我知道不少信徒曾在教會生活裏遭到挫折、傷害、被人出賣，有些甚至因此離開教會，永不回頭。類似的故事想你也多有聽聞吧！

在此我得嚴正指出，信徒之所以在教會生活裏受到傷害，在絕大多數情況下，都不是因為教會比其他社團更差勁（這個可能性不是沒有，但肯定非常罕見），而是由於參與教會的人，往往帶著過高的期望，以致較易感到失望，甚至絕望吧。事實上，在我們每日作息的學校、辦公室、社會每個角落，豈不存在著更多明爭暗鬥、爾虞我詐的事件嗎？但是，由於我們早已接納這樣的現實，知道這是社會大衆公認的遊戲規則，便見怪不怪，碰到也當無其事吧。惟是在教會便不同了，我們懷著極高的期望參與教會生活，甚至存有補償心態——期待在教會裏得著在外間無法享受、難以滿足的愛心與接納；而在教會的講道或言說間，往往又不斷高舉愛弟兄這個崇高且絕對的標準；故此，一旦我們碰到現實的情況不如理想，儘管那僅是稍稍不如，也會教我們飽受打擊和傷害，慨歎人間竟無樂土、信徒不外如是。期望愈大，失望亦愈容易。

我為那些曾對教會生活滿懷期望，並且曾不設防地敞開自己接納他人，以至更易更深受過創傷的人，寄以深切的同情。我可以想像他們除了覺著被背叛他們的人所出賣及傷害外，更夾雜了被一直堅信的理想出賣及傷害的痛苦，這樣子雙重被出賣的感覺，並不容易承受。若就此而一蹶不振、憤世嫉俗、對人絕情，亦是無可奈何的事。

惟是我得提醒仍未受如斯傷害、初進教會的你：信仰揭示的理想，並不在於其能在人間的現實完全兌現，才取得有效性的證明。畢竟基督教最關鍵性的眞理，不是人在事實上能臻達至善，而是人是罪人，只待基督無條件的接納與赦免。因信稱義是信仰的核心，也是基督徒倫理的核心：我們勉力實踐聖經的要求，又永遠覺知自己的實況離目標甚遙，只得仰求上帝在基督裏一再地接納我們。是基督的不斷接納、而非我們有望達到目標，使我們有勇氣把理想堅持下去，跌倒了再爬起來，永不言敗。

在團契生活裏，上述的原則是完全有效的。我們並不相信教會眞的能建構一個完全無私捨己、全無罪汚、秉行眞理、愛神愛人的羣體；雖然我們確實是朝著這個目標努力，並且自覺也有少進，但是，未及目標卻是我們預計得到的。不然我們如何還需要認罪與悔改，仍待聖靈的提醒扶助，仍然羨慕那使一切變得完全的末日呢？

所以，讓我們再次擁抱教會的現狀、現實的教會吧。忘記過去所曾受過的傷害，那是免不了的遭遇，就當是爲愛人的緣故而須付出的代價吧。定睛望著面前有血有肉的弟兄姊妹，認定他們是我們需要關懷與愛的對象，也是我們之能成爲一個能關懷與愛的基督徒所由落實的對象。他們無疑是不夠好的，就像基督知道我們不夠好一樣；但是，我們根據自己過去些微轉變的經歷，確認聖靈在人生命裏的神蹟大能是可能的，因而便在他們不理想的現狀背後，隱約看到一個更理想的他們，並且立志爲他們能教理想成眞而擺上自己。我們張開雙手，迎接他們進入自己心底最脆弱的關愛與期待裏，知道這會教自己陷入被出賣與傷害的危機中；但是，我們是義無反顧的了。誰能愛而免受傷害呢？若連上帝都不能對此免疫，我們又豈敢苛求？

在一個不完美的羣體中，實踐不完美的團契相交；朝著完美的標準，不住爲所欠認罪、爲所成感恩，凡事盼望、凡事相信、凡事忍耐，這是我們的團契生活。

第25章

福音使命

我在第十五章裏，已跟你討論過傳福音作爲信徒的基本信仰要求，這裏我們專注思考教會整體性的福音使命。兩者當然有密切關係。

集體性的福音使命

基督徒必須肩負福音使命，因爲這既是耶穌基督的訓示、教會延續的命脈所在，又是未信主的人得生的盼望。但是，個別的基督徒卻無法完全承擔這個福音使命，必待在教會裏與別的信徒相互配搭，共同努力，才能遂上帝所願。福音使命既爲個人性，又是教會性的。

爲何個人無法完全承擔福音使命？這是因爲耶穌基督所吩咐的大使命，不僅是指口傳福音、引導人接受基督信仰，還包括栽培初信者，訓練門徒。

每個基督徒都是福音戰線上的尖兵，站在不同的火線上為主出征。惟是在有人願意皈依基督以後，我們不能就把他們扔在一旁，期望他們自食其力、天生天養，自行追求及建立信仰，卻必須設法栽培他們才剛起步的信仰，誘導他們對上帝有更正確和深入的經歷，並對聖經及相關的道理有更透徹的認識。而再進一步，我們還要帶引他們加入一個信徒羣體，讓他們參與及投入教會生活，與別的信徒相交團契、共同參與各樣事奉，如此才算完成了整個傳福音的工程。由傳揚福音、初信栽培，到最後協助他們建立福音的再生能力，也許要經過數載的漫長時間，除了在時間與精力耗費甚巨外，由於也牽涉不同恩賜與訓練，故不是個別信徒所能獨力承擔的。

保羅曾以扶植樹苗來比喻整個福音工程：有人做栽種的工作，有人做澆灌的工作，當然教樹苗成長的還是上帝的大能（林前三6～7）。可見福音工程是需要不同的人分工合作的。

這也是為甚麼耶穌基督並沒有將大使命交付給任何個別的門徒，卻是將之變成一個集體性的任務，委託所有門徒共同承擔：

> 所以，你們要去使萬民作我的門徒，奉父子聖靈的名，給他們施洗，我吩咐你們的一切，都要教導他們遵守。（太二十八19～20）

只有「你們」，才能承擔得起傳福音、建立門徒、施行聖禮、裝備訓練等整套的福音使命。

對於那些欲獨力肩負福音使命、不願與人合作的「獨行俠」式基督徒，保羅不客氣地質詢他們：

> 難道都是使徒麼？都是先知麼？都是教師麼？都是行神蹟的麼？都是有醫病恩賜的麼？都是說方言的麼？都是繙譯方言的麼？（林前十二29～30）

■

傳福音工作

福音使命不是教會惟一的責任，但卻是至爲重要的一個。她所主辦的聚會與活動，大多數應與福音使命相關。教會主要是爲福音使命而建立，且爲福音使命而存留在地上的。

但是，由於不同事工與福音使命的關係有遠有近、有深有淺、有直接的或間接的，這裏無法都兼及了。因此，我們只集中討論與大使命直接相關的兩項事工：傳福音與裝備信徒。

我們先說傳福音工作。

何謂「傳福音」？

首先得強調，我指的「傳福音」是狹義性的，或者說是按照聖經的原意的。今天許多自命開放與前衛的基督徒，將「傳福音」一詞無限擴闊，美其名曰凡是見證信仰精神的，就是間接地傳揚福音了。表面上看，這是不錯的，傳福音的確是為了見證信仰。但是，甚麼是「信仰精神」呢？那內裏便大有文章了。有些人認為愛、公義、平等、自由等精神，便是信仰精神（但他們對這些精神項目的意涵的理解，卻不是從聖經而來的，而是任意地賦予了他們眞正膜拜的自由主義、新馬克思主義等的思想）；故支持民主選舉便是傳福音、推動綠色和平便是傳福音、參與勞工團體或任何自稱為弱勢團體（有些其實只是「另類團體」）的抗爭運動的，都是傳福音。說得誇張一點，對他們而言，不拋垃圾是傳福音、不吃麥當奴是傳福音；所有按著他們的政治或文化理想而作的事，一舉一動、一顰一笑，莫不在發放「信仰精神」出來。

一些擁有後現代精神的人，質疑所有傳統的權威，視一切尊崇某個眞理的行動為霸權主義；他們匯合了在二十世紀初便出現的文化相對主義與宗教大同主義思想，主張在不同種族與文化共存在一個地球村的今天，基督教應學習與其他宗教平等共處，不能再以獨一眞理自居，反正諸法皆一、殊途同歸，所有宗教皆是以其獨特的方式來詮釋闡揚同一個眞理（同一個上帝？），所以，我們再用不著傳福音了，只管做宗教對話便可；或者應該說，宗教對話便是今天惟一合法的傳福音工作。

（所以，你若是接觸到某些基督教團體或個人，口口聲聲說教會必須肩負福音使命，不要一廂情願便認為他們是同路人，你當謹愼查詢「福音」一詞在他們心中有何含義、「傳福音」又是怎樣的工作。）

我在此得指出，耶穌基督與新約使徒均沒有這樣子廣義的對「傳福音」的看法。甚麼是「福音」？簡單地說，福音就是「基督是主」，或者是「耶穌基督並祂釘十字架」。捨此以外的任何說法，都是保羅所譴責的「別的福音」。

至於說甚麼是「傳福音」，那當然是指著使別人接受剛才所定義的福音，並且得以成爲耶穌基督的門徒的行動。記著我們强調的是整個過程，而不是某個片段。我們不能說基督徒毋須口傳，只要有好行爲，便是以釋放基督的香氣，便等於做了傳福音工作；好行爲無疑是重要的，也是傳福音的有效輔助，但卻必須添上口傳，並呼籲聽者悔改皈依，才算盡了傳福音的責任。「福音預工」是重要的，但預工只是預工，不等於傳了福音。

「整全福音」？

我們承認，耶穌基督交付給門徒的，並不僅是以上所說狹義的「傳福音」的責任，行公義、好憐憫、作鹽作光，同樣是祂的要求。並且此等要求毋須直接兼具福音的效果，也還是有其自足的價值的。譬如說那個好撒瑪利亞人，就該不是爲了教受傷倒在路旁的人信主（他自己是撒瑪利亞人哩！連嫡系猶太人都夠不上，何來傳福音的資格？），才伸出救援之手的。所以公義與憐憫是有充分價值的行動要求，其本身就是目的，不是傳福音的手段。要是有基督徒認爲因著公義行動並不能帶來傳福音的效果，便拒絕參與，那他是在蔑視耶穌基督「愛鄰舍」的誡命，漠視聖經的淸楚教訓。記得我在前面提及的信仰的七個基本要求嗎？它們是所有基督徒都必須兼具、缺一不可的。

但與此同時，我們卻不應把行公義、好憐憫等社會或文化的責任，與傳福音的使命混同起來，視之爲同一個使命的一體兩面。反正公義行動本身便有自足的神聖價值，毋須攀附在傳福音之上，才能在教會及信徒生活中佔一席位。而將兩者混同起來的做法，許多時只會帶來互相抵消的效果。

基督徒必須肩負傳福音與社會公義等多重責任，但卻不好把它們等同起來。我認爲甚至把它們合併起來稱爲「整全福音」，也是不妥當的。我了解由於保守教會一向在文化與社會使命上疏於參與；故若將它們歸併入福音使命內，便更易取信及推動基督徒去承擔此等使命。但是，倘若教會眞的一貫在文化與社會使命上疏於職守，那我們最佳的做法是警醒及糾正他們，而非順著他們既有的觀念（只有傳福音才是有意義的），結果使所有使命都冠上「福音」的名銜。我們可以說，文化與社會使命是基督徒的「整全使命」之一，但卻不想說這是「整全福音」的部分。

我們同意一個基督徒若只傳福音，不理民間疾苦，那他是未盡其所有的使命；但卻不能說因此他便只傳出了部分的福音，又或者認爲那些只做賑災工作的人，也算傳了另一部分的福音。

人世間有許多値得爭取的價値、及必須承擔的道德責任，譬如說不隨地吐痰、不拋垃圾、參與選舉投票……基督徒是否不該隨地吐痰？答案是用不著說的。但不隨地吐痰是否福音的一部分？勸誡人不隨地吐痰又是否「整全福音」的一部分？諸如此類的論證尚有許多。我擔心的是，我們若把人間所有美善的價値都堆到「福音」之上、把所有美善行爲都視作傳那「整全福音」，結果便使「福音」及「傳福音」

負荷過重，寸步難移。

配合福音使命的教會

返回教會的傳福音職責此課題去吧。

我想在這裏毋庸多費篇幅去闡說教會可以如何實踐福音使命。各種傳福音的方法，包括舉辦佈道會、福音營、福音性查經、派單張、街頭佈道、逐家佈道、福音茶座、福音午餐，以至福音文字工作、影音工作……都已在教會內推展有年；一些佈道的工具如「四律」、「三福」等，也廣爲教會採用。近年由福音機構推動的地區性佈道工作和大型佈道聚會，也如雨後春筍，此起彼繼，非常熱鬧。大概你也不會無所知覺的。

不過，根據許多調查統計，都證明最具長久效用的佈道方法，還是友誼佈道(friendship evangelism)，就是說由基督徒親自向未信主的親戚朋友傳福音，帶領他們信主、也帶領他們返教會。對一間教會而言，要是弟兄姊妹熱心領人歸主，則辦不辦佈道聚會，教會還是增長迅速的；但相反若弟兄姊妹對福音事工冷淡，再多佈道節目，亦不見得會有任何作用。所以，個別信徒願意在他們的生活圈子裏傳揚福音，是教會能否踐行福音使命的關鍵，於此你肯定可以扮演重要的角色。

教會如何配合信徒踐行福音使命？除了爲他們提供各樣個人佈道與栽培的訓練，及開設初信栽培的課程以接收新信徒外；我想更重要的是，教會必須調節她的行政架構與生活模式，使之成爲一間配合福音使命的教會。

一間配合福音使命的教會，就是使其由領導層開始，一直到最低層的組織和個人，均以傳福音爲至高目標；除了積極調動人力與財力資源以爲協助，並且廣爲宣傳與推動外，更要防範她的其他使命成了福音工作的攔阻。

教會的其他使命會構成對福音使命的攔阻嗎？答案是肯定的。就以前兩章所提到的公共崇拜與團契生活這兩個教會的基本任務爲例吧，它們恆常構成福音使命的障礙。

教會當然需要成爲一個敬拜的羣體，而公共崇拜及其中的儀式性行動是其中不可或缺的部分。但是，我們卻很容易假借「追求卓越」、「將最好的獻給上帝」等名義，而使教堂的建築物、內部裝修陳設、儀式程序、詩班編制、敬拜效果等，成了教會首要的關懷，結果使它們走向精緻化、專業化、豪奢化、乃至神祕化的路子去。且不說將公共崇拜當作一個複雜又專業化的活動，要求信徒作深度理解方能投入，將會產生怎樣攔阻教外人（也是「化外人」）進入我們的「小圈子」的效果。單就資源分配來考慮吧，某些大教會擁有極其充裕的資源，當然可以藉分工來承擔這樣龐大的公共崇拜的支出，但若是連中、小型教會也要東施效颦，模倣一氣，則便肯定將許多原來可供福音使命應用的資源，挪移到應付內部的需求上。教會「內耗」太多，恆常是她無法有效且專注地踐行福音使命的主要因素。

別告訴我設若公共崇拜變得更莊嚴神聖，便會吸引更多新人參與，最後也便對福音使命有更大幫助。這樣子的循環作用，甚少能跑完一圈的。

無論如何，教會太內向化、太專注內部運作、太强調內部裝璜、太多內耗，肯定是福音使命的重大障礙。中世紀修道主義沒落的其中一個主因，便是修道院（托鉢修會除外）

走向豪奢化，我們必須以史為鑑。

同樣地，教會的團契生活，在大多數情況下應該成為非信徒參加教會的一個吸引力的所在；但也有些情況，是會構成別人加入教會的障礙的，此便是信徒間關係太密切，形成排他性的羣體。

我們可能沒有察覺，基督徒羣體除了擁有特殊的信仰外，還有一套與別不同的文化，我們的行為習慣、價值觀、思維方式，乃至所用的語言詞彙，都有咱家的一套，與其他教外人有鮮明的差異。當然基於分別為聖的需要，一些差異是免不了的，難道我們要與世人一樣，同流合污嗎？但是，有些差異卻是不必要的，特別倘若我們連所用的象徵、語言，以至對事物的關懷角度，都與教外人截然不同的，那不可避免地便構成對別人理解與接受福音的障礙了。

此外，要是信徒間過分密切的關係，使他們產生「我們在這裏真好」的感覺，從此不願下山面對羣衆，不肯走出教堂的四堵牆外，那福音使命便將無法踐行。我絕不誇張地說，有時即使有人主動地跑來教會參與聚會，基督徒亦不見得都由衷地予以歡迎的，畢竟任何陌生者的介入，便在若干程度上破壞了原來的羣體關係的嚴密性，並且羣體的關注點由自身轉移至外部，這可不是部分基督徒所樂見的。團契生活成了排他性的羣體，抗拒新人的加入，以致變成福音的另一個障礙，是不少教會均遇上的困擾。

親愛的弟兄／姊妹，但願你之加入教會，不會重犯前人的弊病，立志肩負福音使命，並使教會生活內的每個環節，都配合得上福音使命。讓我們的教會成為傳福音的教會、也是一間配合福音使命的教會。

■

裝備信徒

談到栽培與訓練工作。

栽培工作的重要性

傳福音的目標既然是「使萬民作基督的門徒」，那便不能以未信者的頷首接納信仰爲終結，我們還得讓他們眞切了解其所信的對象與內容，並且協助他們完成聖靈在他們生命裏的改造工程。這便牽涉到裝備信徒的工作了。它是福音使命不可分割的部分。

我們不將踐行公義看成是傳福音的一部分，但卻必須視栽培信徒爲無論是廣義或狹義的福音工作。因爲口傳福音與栽培成長是前後相連的一個事工，正如植樹不可能只有撒種沒有澆灌，或說只有撒種才算植樹而澆灌不是，我們的引人歸主行動亦然。要是我們沒有把人完全地帶到耶穌基督跟前，那我們作爲福音媒人便亦不算稱職吧！

耶穌撒種的比喻也間接說明道理。道種之撒播開去，無疑是重要的第一步，但可不是傳揚上帝的道的全部；撒種者還必須考慮受種者的土壤是怎樣，是否會在接受後遭遇難當的試煉，或有揮不掉今世的憂慮、財富和宴樂……這些因素都直接影響到道種能否生根萌芽，也就是傳福音的工作能否完成。只有在道種生長起來，結出百倍的果實後，撒種工作才眞箇是成功了（參路八4～15）。如此，我們能將傳福音局限在撒種的那一刻，其餘便不算福音使命嗎？

事實上，近年教會舉辦了許多大型佈道聚會，信主人數據報都是成千累萬的，但教會整體卻見不到顯著增長，因爲許多人在聚會中舉過手後，不久便因各樣的緣故流失了。我們不能單看佈道會的決志數字，便判定福音工作非常成功；要是那些決志者最終沒有成爲基督的門徒，那我們就必須嚴肅檢討這個福音工作失敗的原因何在。

栽培工作是傳福音不可分割的一環，教會在推展福音事工時，必須整體一併考慮並策劃，不能單一處理，以致銜接不上，功敗垂成。

如何栽培？

栽培工作的目標是使人作基督的門徒，而栽培的內容則是「我吩咐你們的一切，都要教導他們遵守」。

從字面上看，耶穌所吩咐的一切，自然便是記載在聖經裏的話。教會的栽培事工必須以聖經做爲中心，讓信徒明白聖經、背誦聖經、遵行聖經。公共崇拜的宣講、主日學課程、查經聚會，乃至各式各樣的延伸課程，大抵都是按著這個目標來設計的。我們的終極目標是使每個基督徒都成爲聖經的基督徒(Bible Christians)。

但是，大使命所揭示的，卻又不單是栽培的內容，而是栽培的重點。因爲耶穌要求的，不是讓信徒僅僅熟知祂的吩咐，而是予以遵守踐行。故此，栽培工作並非指向知識的累增，卻是爲了讓人在靈性、道德及生活上，吻合耶穌的心意和要求。知識的傳授只是一個過程，生命的轉變才是其完成。

在觀念上，我想沒有人會反對栽培人成爲主的門徒才是教會的終極目標；但在行動上眞要將這個理念付諸現實，如今的一些制度及做法便得相應有改變。毋庸諱言，我們的主日學課程，大都是過於知識性和概念化的，應用能力甚低，與學員的生活相關性也不夠强。有些教會的主日學課程，甚至僅是抄襲神學院的正規課程，只是將之簡易化及迷你化，完全不考慮平信徒訓練本該有的特色，便使得與生活脫節的情況更形嚴重。我們眞的是爲學習而學習了。

當然我不反對部分知識水平較高、分析能力較强的基督徒，會純粹因著知性的欲望來進修主日學或神學院的延伸課程的，他們若增添一些聖經及神學知識，便也不能概括地說沒有用途。畢竟知識的追求並非單是爲了實用的緣故，過於功利主義的考慮，有時是會淪爲反智主義的。但是，即使我們肯定他們的知識追求有其本身的意義，還是得指出：這樣子的學習不一定能幫助他們在靈性與道德上的成長；更不因著其知識累增，便代表他們的屬靈生命相應地茁壯了。知識與靈性在此既不必然互相排斥，但亦不是互相掛鈎的。

倘若我們在此關心的是使人成爲主的門徒，那便起碼得在這個偏重知識傳遞的訓練課程之外，爲初信者增補一些靈性與道德生活的培育。

不過較爲麻煩的是，只有知識的傳授才是較適宜藉設計一個客觀而標準化的進程來推行的，靈性與道德上的栽培則不然，上課的節數、讀書的頁數、考試的分數，與靈程的增長未必成正比例，所以後者要在羣體內整體性地推行及定時監察成效，並不容易。再者，靈性與道德生活的培育也甚難單用講授口傳的方法，大批發式的推行，必須由培育者身體力行，親作示範，並且最好是以門徒式的人盯人的訓練方法，爲不同信徒個別地度身訂造切合他們情況與需要的指引，才會有較佳效果，這對教會資源的要求，自亦大爲增加了。

最理想的門徒訓練方法，是在教會內爲信徒搭建一個關係的網絡，使每個初信者均有一位屬靈導師或屬靈伙伴做跟進工作，與其建立密切的關係，一方面了解及供應他的需要，另方面也給予適合其進度的輔導與訓練。如此再配合全教會性的裝備課程（主日講道、主日學、初信班、慕道班……），便可兼顧共同性與特殊性的需要了。

對於作爲初信主的你，必須認定信仰的追求絕不僅是知識上的增加，也不僅是屬靈經驗的增加，而是在知識與靈性上相互並進，並且再由理性與感性，發展至德性及全人各方面。最要緊的是在聖靈的幫助下，使心意更新變化，更好地察驗上帝可喜悅的旨意，也更決志將之兌現踐行。要是你所屬的教會已有一套完備的初信栽培課程，或已爲你派遣一位屬靈長者以爲導師，那便專心致意地遵之學習，勉力成長；若是不幸地暫付闕如，你還是該設法訪尋一位屬靈伙伴，以爲信仰的同路人，此外主動徵詢別人的意見，找一些合適的書籍或課程來學習。總要記著：信主只是一個開始，而非信仰的完成；在屬靈的道路上，若不繼續成長，便是在後退，沒有停滯這回事的。

噢，你若念完這本書，肯定也很不錯了。

跋——末了的一句話

親愛的弟兄／姊妹，我想是讓你對接受水禮下決定的時候了。

你不會後悔的……

（我不作此保證，我為此祈禱。）

作者介紹

梁家麟牧師在香港出生和成長。他在八十年代畢業於香港中文大學歷史系，先後取得文學士、哲學碩士及哲學博士學位，後來再赴加拿大維真神學院攻讀神學，獲得基督教文憑及道學碩士學位。他曾任《突破雜誌》的執行編輯，現任香港建道神學院教授，建道神學院院長。

寫作是他整理自己和表達自己的方法，而且是生活習慣之一。因此他在一切正務庶務聖事俗事之外，總要抽點時間讀書和寫作，否則就有不務正業、面目可憎的感覺。

他撰有《另一種信仰？》、《憑誰意行？》、《憤怒的一代》、《無言上帝的僕人》、《凡人的祈禱》、《信主之後》及《走過從前》等，近作有《人間信仰：從約拿書看信徒如何在現實中活出信仰》。

他喜歡教主日學和慕道班，又愛跟教會裏的小弟兄小姊妹談天、吃東西。到目前為止，他自覺最成功的，是娶了一個太太，生了一對子女。

至於未來他有甚麼作品會出版？且看教會面對甚麼沖激和挑戰吧。